Rico ou Pobre:
A Prosperidade é Escolha Sua

CB070180

RANDY GAGE

Rico ou Pobre:
A Prosperidade é Escolha Sua

Tradução
Denise de C. Rocha Delela

Editora
Cultrix
SÃO PAULO

Título original: *Accept Your Abundance!*

Copyright © 2003 Randy Gage.

Todos os direitos reservados. Nenhuma parte deste livro pode ser reproduzida ou usada de qualquer forma ou por qualquer meio, eletrônico ou mecânico, inclusive fotocópias, gravações ou sistema de armazenamento em banco de dados, sem permissão por escrito, exceto nos casos de trechos curtos citados em resenhas críticas ou artigos de revistas.

A Editora Pensamento-Cultrix Ltda. não se responsabiliza por eventuais mudanças ocorridas nos endereços convencionais ou eletrônicos citados neste livro.

Coordenação Editorial
Denise de C. Rocha Delela
Roseli de Sousa Ferraz

Revisão
Indiara Faria Kayo

Diagramação
Macquete Produções Gráficas

Dados Internacionais de Catalogação na Publicação (CIP)
(Câmara Brasileira do Livro, SP, Brasil)

Gage, Randy
  Rico ou pobre : a prosperidade é escolha sua / Randy Gage ; tradução Denise de C. Rocha Delela. -- São Paulo : Cultrix, 2011.

  Título original: Accept your abundance!
  ISBN 978-85-316-1134-6

  1. Autoajuda - Técnicas 2. Autoavaliação 3. Autoconsciência 4. Autorrealização 5. Felicidade 6. Prosperidade 7. Riqueza 8. Sucesso I. Título.

11-05175   CDD-158

Índices para catálogo sistemático:
1. Êxito e prosperidade : Psicologia aplicada 158

O primeiro número à esquerda indica a edição, ou reedição, desta obra. A primeira dezena à direita indica o ano em que esta edição, ou reedição, foi publicada.

Edição   Ano
1-2-3-4-5-6-7-8-9-10-11   11-12-13-14-15-16-17-18-19

Direitos de tradução para o Brasil
adquiridos com exclusividade pela
EDITORA PENSAMENTO-CULTRIX LTDA.
Rua Dr. Mário Vicente, 368 – 04270-000 – São Paulo, SP
Fone: 2066-9000 – Fax: 2066-9008
E-mail: atendimento@pensamento-cultrix.com.br
http://www.pensamento-cultrix.com.br
que se reserva a propriedade literária desta tradução.
Foi feito o depósito legal.

Dedicatória

Este livro é dedicado a Dennis Butler, porque se existe alguém no mundo que merece uma dedicatória neste livro é esse cara!

Agradecimentos...

Eu gostaria de expressar minha gratidão à incrível Lornette Browne, que me ajuda a continuar aceitando minha própria abundância. E a Lisa Jimenez, simplesmente por ser quem ela é.

Introdução

As introduções são uma boa oportunidade para responder a uma pergunta que os autores ouvem com frequência. Ou seja, por que você escreveu este livro? Bem, aí vai a explicação...

Quase todo mundo que você encontra diz que quer ser rico, feliz e saudável. No entanto, muito poucas conseguiram duas dessas coisas e quase nenhuma conseguiu todas as três. Por isso, alguns anos atrás, comecei a ensinar o que aprendi sobre como ser próspero. Eu sou uma pessoa muito racional e lógica, por isso dividi o processo em partes e expliquei-o de um modo muito racional e prático. Depois de alguns anos, passei a entender algo extraordinário...

O problema da maioria das pessoas não era falta de conhecimento. Isso era algo que eu podia transmitir a elas muito facilmente. O problema de verdade era que elas simplesmente não conseguiam, ou não se permitiam, se tornar prósperas. Elas na realidade sabotavam a própria prosperidade, num nível subconsciente.

Recusavam-se a aceitar a abundância. E nada pode ser mais trágico do que o potencial não realizado, a felicidade não alcançada e a prosperidade não reivindicada.

É por isso que eu escrevi este livro. Quero que você perceba que a prosperidade é escolha sua.

Randy Gage
Key West, Flórida

Sumário

Capítulo 1: Imagine uma vida de prosperidade   15

Capítulo 2: Estrelando o seu próprio filme   23

Capítulo 3: O perigo da programação de escassez   27

Capítulo 4: A virtude do egoísmo   35

Capítulo 5: O propósito que norteia a sua vida   69

Capítulo 6: As pessoas prósperas na sua vida   83

Capítulo 7: Religião e escassez   101

Rico ou Pobre:
A Prosperidade é Escolha Sua

1

Imagine uma vida de prosperidade

Duas vezes por ano, eu faço um retiro com os membros de nível avançado do meu programa de treinamento. Pouco tempo atrás, num retiro na Costa Rica, eu estava trabalhando com um empresário interessado em aumentar seu negócio. Dei a ele uma ideia que poderia render de 15 a 20 milhões de dólares por ano e tinha potencial para gerar 30 milhões anuais em muito pouco tempo. Nessa época, ele estava ganhando menos de 300 mil por ano.

Você pode achar que ele agarrou a oportunidade com unhas e dentes... Pode pensar que você faria a mesma coisa... Mas ele não recusou a oferta. E você poderia ter feito o mesmo...

Quando eu esbocei a ideia, pude ver que nem ele nem a esposa ficaram entusiasmados. Ficou óbvio para o grupo e para mim que eles ficaram assustados. Esperavam que eu lhes dissesse como ganhar um extra de 50 mil ou talvez 250 mil, mas, quando falei em ganhar milhões, eles acharam que era demais para acreditar.

Ora, para ser sincero, eles a princípio não reagiram à situação dessa maneira...

Acharam que tinham apoiado a ideia. Mas ficaram fazendo objeções do tipo: a ideia não era de fácil execução, precisava de mais pesquisa, levaria anos para desenvolvê-la etc. Foi só quando todo o grupo os confrontou que eles aceitaram a possibilidade de que podiam estar com medo da ideia porque era próspera demais para eles.

Eles foram embora com a promessa de que ouviriam o meu CD "Prosperidade" e procurariam melhorar sua consciência de prosperidade.

No retiro seguinte, eles achavam que já tinham superado seus problemas com relação à prosperidade e estavam dispostos a aceitar esse novo plano que eu tinha para a empresa deles. Então eu fiz à esposa uma pergunta muito simples...

Perguntei a ela em que a vida deles seria diferente se a empresa passasse a lucrar 30 milhões no ano seguinte. A resposta dela foi fascinante...

Ela insistiu em dizer que nada mudaria muito. Fez muito rodeio só para dizer que suas necessidades seriam satisfeitas de modo satisfatório e que a única diferença de verdade seria o fato de que não ficaria tão estressada para pagar as contas.

Eu queria mais. Pressionei-a para que me mostrasse as mudanças tangíveis que ocorreriam no estilo de vida deles. TUDO o que ela disse tinha relação com ajudar os outros.

Ela patrocinaria um acampamento para os escoteiros, ajudaria os pais, daria apoio financeiro a uma escola etc. Não mencionou nada que faria para si mesma. Eu então fiz a mesma pergunta ao marido dela...

Ele começou de onde ela tinha parado, mas foi mais específico. Mencionou as atividades que patrocinaria para os escoteiros e sugeriu que contrataria um enfermeiro para cuidar do pai doente em tempo integral. Como a esposa, só mencionou coisas que faria para as outras pessoas. Absolutamente nada que sugeriram era para eles mesmos. Era tudo para os outros.

Então eu continuei pressionando...

Depois de pensar muito, ele finalmente sugeriu que poderia comprar uma casa de veraneio à beira de um lago. Isso motivou a esposa, que no mesmo instante reconheceu que gostaria de ter um veículo 4X4. Eu estava achando que finalmente chegaríamos a algum lugar, até que ela disse que queria o carro porque assim poderia levar mais escoteiros para o acampamento que patrocinaria! Ficou muito claro que nenhum dos dois tinha a mais remota ideia de como a vida deles seria diferente se ganhassem 30 milhões extras. E pelo fato de não conseguir antever essa possibilidade, não podiam manifestá-la.

A tentativa de descobrir POR QUE...

Eu perguntei às pessoas do meu programa de treinamento o que, na opinião delas, havia impedido que prosperassem ao longo dos anos. Elas tiveram algumas "sacadas" intrigantes. Um dos meus alunos escreveu, "Aceitei por algum tempo que eu mesmo criava minhas próprias dificuldades. (Entendo a

lógica disso; ainda estou me esforçando para aceitar no coração.) Minha pergunta não era 'Por que isso aconteceu comigo?', mas 'Por que eu criei esses problemas'.
"O clássico 'medo do sucesso'? Acho que não. Sou saudável e bem-sucedido, e gosto disso. Medo de fracassar? Também acho que não. Eu não gosto de fracassar, mas também não tenho medo. Reconheço que é uma parte do processo.
"Baixa autoestima? Isso certamente interfere. Mas não sinto que seja a razão por trás de tudo. E, então, alguns dias atrás, me ocorreu uma possibilidade..."
Continuaremos em breve com o que ocorreu a esse aluno. Primeiro, no entanto, quero que você se faça uma pergunta:
Você reconhece e aceita que cria as suas próprias dificuldades? Ou você ainda está culpando o destino, a falta de sorte, o governo, a economia, o seu ex-marido ou ex-esposa, ou uma conspiração comunista?
E, se você aceita isso, por que você acha que cria essas dificuldades?
Eis o que ocorreu ao meu aluno. Ele escreveu, "Eu manifestei esses desafios para que tivesse desafios para superar! (Não estou dizendo que esse é o jeito 'certo' de pensar nem o jeito mais 'saudável'. Só estou procurando as razões para o meu comportamento.) Durante boa parte da vida adulta, gostei de pertencer ao time dos 'perdedores' e ajudá-los a ganhar o jogo decisivo do campeonato. Muitas e muitas vezes, aceitei desafios, só para provar a mim mesmo que eu era capaz de vencer desafios".
Eu acho que essa pode ser uma pista importante. Quando olho para trás e vejo meus "anos trevosos" (os 30 primei-

ros anos da minha vida!), percebo que tive praticamente a mesma mentalidade esse tempo todo.

O que nos leva ao segundo problema...

Isto é, por que eu, você, qualquer pessoa, quer (ou precisa) superar esses desafios? Isso dá o que pensar. Porque a resposta a essa pergunta tem o poder de virar a sua vida do avesso num estalar de dedos.

Por favor, leia essa última sentença outra vez.

Saiba o que mais ocorreu aos meus alunos. "Acho que eu mesmo cavei o poço onde estou, então poderia encontrar uma maneira de sair dele! Eu gostaria de dizer que é porque sou incapaz de aprender e crescer (essa é uma nobre razão), mas acho que pode ser mais do que isso. Sinto que existem algumas questões mais profundas e, quando eu conseguir descobri-las, não sentirei mais a necessidade de manifestar desafios na minha vida. Pelo menos eu gostaria que isso acontecesse."

Eu também! Quando olho para trás e vejo meu modo de pensar nos meus tempos de vacas magras, tenho a impressão de que achava romântico ser um carinha que brigava contra as forças do mal. Eu gostava de contar as minhas experiências de vítima aos meus amigos vítimas. (E fazia isso diariamente.)

Esse tópico gerou, no meu website, uma enxurrada de respostas de outros alunos. Uma senhora escreveu, "Talvez eu tenha tornado as coisas mais difíceis para mim mesma para que eu pudesse dar a impressão de que era esperta e inteligente. Sempre acho suspeito quando um trabalho ou um problema parece fácil demais. 'É realmente fácil ou sou eu que não estou olhando direito ou vendo as armadilhas?' E veja o que eu faço: torno a coisa tão difícil que não tenho mais dúvida nenhuma; a coisa fica difícil de verdade! E todo mundo pode constatar a mesma coisa!"

Acontece o mesmo com você?

Outra aluna mencionou algo parecido. Ela disse, "Desde que era muito jovem e até começar esta jornada, sempre fui a campeã em criar desafios – ou em manifestar dificuldades – para mim mesma! Isso definitivamente tem a ver com o modo como eu cresci e com o meu desvalor; também acredito que nasci com os genes de uma batalhadora. Por isso vivia procurando desafios, criando algum tipo de caos ou ajudando a turma dos perdedores – o que eu era também. Eu era boa em tudo isso e a admiração dos outros fazia eu me sentir tããããão bem!"

Por fim, outra aluna escreveu, "Eu me vangloriava por sempre escolher o caminho mais difícil, pois achava que o sofrimento enobrecia. Mas ele não me trouxe nada a não ser angústia e muito pouco para mostrar – a não ser algumas cicatrizes de batalha que ganhei com os pequenos tiranos da minha vida. É como se isso me desse uma desculpa para ser medíocre, pois, na verdade, eu estava construindo um caráter (danado de bom!) e testando meu próprio senso de valor com todo grande problema que criava na minha vida".

Eu vi esse padrão se repetir muitas e muitas vezes, na vida de alunos de todas as idades e de vários países diferentes. É reconfortante pensar que nós manifestamos desafios porque adoramos desafios. E é consolador achar que estamos construindo o nosso caráter; que fazemos isso porque faz com que a vitória seja mais doce... etc. Mas e se não for nada disso?

Quando pesquisei mais a fundo, descobri outra motivação mais profunda. Eu acredito que manifestar desafios difíceis é simplesmente outro jeito de não deixar de ser vítima! Criamos mais desafios porque eles nos garantem a simpatia dos outros; temos uma desculpa para fracassar; não temos que nos sentir responsáveis por não ser bem-sucedidos. É a recusa extrema em assumir a responsabilidade pelo que acontece na nossa vida.

Isso nos autoriza a mentir para nós mesmos. Achamos que ninguém pode dizer que não nos esforçamos. Podemos dizer, "Fiz tudo o que podia, mas eu: não tinha cartucho/vim de família pobre/ não sou branco/ não tenho o nível de instrução exigido". Essas são desculpas esfarrapadas para uma vida de mediocridade.

Mas agora vêm as boas notícias. Se você pode criar dificuldades, obstáculos e sofrimento, como o seu passado mostra, o que o impede de criar sucesso, progresso e felicidade na sua vida AGORA mesmo?

Deixe pra lá a necessidade de ser vítima...

O que você tem que fazer para deixar de lado a mentalidade de vítima para sempre? Essa é uma pergunta intrigante, porque todo mundo dirá que quer deixar de lado essa mentalidade. Todo mundo. Mas isso não é verdade.

Conhecemos muitas pessoas que se agarram aos desafios ou os cria, porque isso diminui a pressão que sentem. Isso lhes dá uma desculpa pronta. Esse tipo de pensamento de escassez pode se evidenciar em muitas áreas da sua vida...

Lembro-me de quando eu tinha "dor nas costas". Sempre que começava um novo relacionamento, o padrão era o mesmo. Eu acordava, começava a sair da cama e punha a mão na região lombar. Minha parceira perguntava, "O que foi? Está com dor nas costas?"

"Estou", eu dizia. "Acho que dei mau jeito." Esse era o começo de uma conversa sobre sacos de gelo, massagens, banheiras fumegantes, cirurgia e todos os outros tratamentos para dor nas costas. E a dor nas costas durava até o fim do relacionamento.

Mas o que acontecia de verdade?

Essa era a minha reação para o envolvimento emocional que eu sentia na época. Ou seja, para a minha incapacidade de dar e receber amor. Como a maioria das pessoas da minha família, eu não sabia abraçar, expressar afeição ou dizer "eu te amo". Depois de quatro anos de terapia, notei algo engraçado...

Depois que desenvolvi a capacidade de expressar e aceitar amor – não tive mais dor nas costas! E percebi que tinha manifestado a dor nas costas, problemas graves de alergia e outros problemas de saúde porque era assim que eu conseguia afeto e atenção. O que eu achava que era amor. Uau! Que incrível chamado de despertar!

Mas por que estou contando tudo isso a você?

Para trazer à baila a questão importantíssima de como você se vê. Você já viu o seu próprio sucesso e prosperidade? Sabe como seria a sua vida se vivesse na abundância? Ou você acha que ainda se vê como o pobre coitado cuja vida é uma sucessão de desafios? Isso merece uma boa reflexão.

2

Estrelando o seu próprio filme

Quando eu apresentei o conceito de negócio que poderia render 10 milhões de dólares, o que impediu o casal do meu grupo de concordar com a minha ideia? E será que a mesma coisa está impedindo você de aceitar a prosperidade também?

Pense nas metas que você estabeleceu. Elas são grandiosas ou acanhadas? E o mais importante: você já pensou em como, exatamente, conseguirá atingi-las?

Vamos supor que você diga que quer ganhar 2 milhões por ano. Você sabe o quanto isso representaria para você? Quanto ganharia por mês? De quanto seria o seu contracheque? Quanto pagaria de imposto de renda? Em que tipo de casa você moraria? Que carro(s) teria? Como isso mudaria o seu convívio com aqueles que ama?

Ou suponhamos que o seu sonho seja ser jogador de futebol profissional ou concertista. Como seria o seu dia a dia? O que você estaria fazendo?

Quanto mais você ver, de verdade, a sua abundância, mais fácil será atraí-la.

Eu tenho um amigo que se chama Richard Brooke. Ele tem uma empresa de marketing direto e costuma dar palestras nas quais menciona coisas importantes para nós aqui...

Ele uma vez foi a um evento e viu uma tenda onde faziam imitações de capas de revista. Então ele se colocou na capa de uma revista chamada *SUCESSO*. Emoldurou-a e colocou-a no seu escritório, onde a via todos os dias.

Dois anos depois, a revista SUCESSO resolveu fazer uma reportagem de capa sobre o crescimento do marketing direto. Eles queriam colocar na capa o presidente da Amway, mas ele tinha uma agenda apertada e não conseguiu retornar a ligação. Então, chamaram Richard, fotografaram-no e o colocaram na capa. Desde esse dia, ele afirma que isso só aconteceu porque ele tinha a capa dessa revista com uma foto dele no escritório.

Ele se viu na capa da revista durante dois anos. Por isso atraiu isso para si mesmo, pois estava pronto para aceitar a abundância!

Uma das coisas que Richard pede que as pessoas façam em seus seminários é escrever o roteiro de um dia perfeito. Por exemplo, suponhamos que o seu sonho seja ser o melhor vendedor da empresa onde trabalha. Você escreve o roteiro do seu filme.

Você pode usar o dia da convenção anual da empresa, onde você receberá um prêmio. Começando o roteiro com você acordando pela manhã, descreva por escrito todo o seu dia. Comece falando sobre o cheiro do café que vem da cozinha e que faz você pular da cama. Sinta a brisa entrando pela janela e ouça um cachorro latindo, alegre, quando você desce as escadas. Descreva o seu café da manhã e a conversa que trava com seu parceiro ou parceira.

Você pode mencionar o seu carro esporte vermelho, com bancos de couro, que você dirige até o hotel onde será a convenção, e o aplauso entusiasmado que ouve ao subir no palco para receber o seu prêmio. O segredo é envolver todos os seus sentidos e ver a cena da maneira mais vívida possível.

Acrescente detalhes, como se estivesse escrevendo o roteiro de um verdadeiro filme de Hollywood, pois isso é importante para você. Não economize nos detalhes. Se estiver comendo um pãozinho doce com geleia de morango caseira e *cream cheese* no café da manhã – escreva isso!

O que você quer é ter uma descrição atraente e minuciosa do seu dia perfeito – o dia que você quer manifestar. Você quer vê-lo, quer ouvi-lo, quer sentir o gosto que ele tem, quer tocá-lo e quer SENTI-LO. É só quando vivencia a prosperidade primeiro na sua mente e no seu coração é que você consegue manifestá-la no plano físico.

Não mostre esse roteiro para ninguém, exceto para aqueles que lhe dão muito apoio e incentivo. Muitas pessoas ficarão apenas com inveja e o ridicularizarão. Mostre-o apenas para aqueles que torcem para o seu sucesso.

Mantenha esse roteiro na sua agenda, na sua valise ou na sua bolsa, para que você possa lê-lo todos os dias. Quando estiver na fila do supermercado, leia alguns parágrafos do seu roteiro em vez de ler as manchetes das revistas vendidas no caixa. Ao longo do dia, quando se sentir estressado ou sobrecarregado, feche a porta, tire o telefone do gancho e leia o roteiro durante cinco minutos.

O seu roteiro centrará você, acalmando-o e reforçando a programação positiva na sua mente subconsciente. Esse é um instrumento muito poderoso para você decidir se quer ser rico ou pobre.

Comece a escrever o seu roteiro hoje mesmo!

# 3

O perigo da programação de escassez

Por que você não consegue aceitar toda a abundância que merece?

Porque você foi programado para achar que dinheiro é ruim, que os ricos não ligam para ninguém e que pobreza é virtude. E essa programação começou quando você era criança.

Eu cresci assistindo a programas de TV como *A Ilha dos Birutas*, *MASH* e *A Família Buscapé*. Todos eles são programas extremamente idiotas e inofensivos, certo? Bem, vamos analisá-los do ponto de vista da prosperidade.

Lembra-se do milionário da *Ilha dos Birutas*? Ele tinha um nome esnobe e era sempre retratado como um rico cheio de pose. Pense em como o banqueiro e os ricos eram mostrados em *A Família Buscapé*. A família Buscapé era sempre apresentada como pessoas sensíveis e realistas, que divertiam e intrigavam os ricos.

MASH girava em torno de dois caras legais, mas sempre aparecia um cara malvado, geralmente um cara rico que ouvia ópera e também tinha um nome metido a besta. Fazendo uma retrospectiva agora, percebo que eu fui provavelmente programado para ser contra os ricos antes de fazer 10 anos de idade!

E você? Se cresceu numa época diferente da minha, pense nos programas de TV a que assistia. Como eles mostravam os ricos? (Pense no J.R. de *Dallas*, em todos aqueles ricos que conspiravam entre si em *Dinastia* e no modo como a mídia é tendenciosa ao contar histórias sobre pessoas milionárias como Bill Gates, Ross Perot e Ted Turner).

Você sabia que as pessoas em geral assistem a seis horas de TV por dia? Isso equivale a 42 horas por semana e a 168 horas por mês. Isso significa, portanto, que em um mês elas assistem a aproximadamente 6.720 comerciais e sete dias inteiros (durante 24 horas) acumulados de informações inúteis, que muitas vezes disseminam a mentalidade de escassez.

Sempre que está ouvindo rádio, você está entupindo o seu cérebro com mais comerciais e informações inúteis. Se só ouvir rádio no carro, pode se sujeitar a um período de 5 a 10 horas de informações por semana, ou de 20 a 40 horas por mês.

Jornais e revistas acrescentam ainda mais informações redundantes e anúncios publicitários à sua mente. Os jornais estão cheios de matérias escritas por pessoas que não conhecem os assuntos que estão tratando. Elas escrevem artigos fortemente tendenciosos, de modo a provocar uma resposta emocional do leitor que o leve a comprar mais jornais.

Isso certamente não vai melhorar um dia. Na verdade, você pode apostar que vai piorar muito.

No ano passado, eu fiz uma previsão sobre um livro intitulado *The Nanny Diaries* [Diário de uma Babá]. Garanti que ele faria um sucesso estrondoso. E fez. Como eu sabia?

Porque eu li uma resenha no jornal *USA Today* e era óbvio que o livro apelava para a programação mais básica de escassez e limitação das massas. A primeira sentença da resenha já era: "Muito simplesmente não há nada mais delicioso do que um testemunho de que ser muito rico e muito magro não é sinônimo de felicidade".

Essa sentença diz tudo de que você precisa para saber até que ponto a mídia molda a sua percepção de sucesso, felicidade e dinheiro. Mas há muito mais. A resenha e a história estão simplesmente saturadas com afirmações que promovem a consciência de escassez. Eis uma amostra:

"... o livro captura perfeitamente a vida estranha e cheia de mimos da elite nova-iorquina, enquanto ela se esquiva da criação dos próprios filhos."

"...[o livro] mostra maravilhosamente bem o mundo das mulheres milionárias, que devotam uma dose imensa de energia para monitorar o que os filhos comem, mas nunca se sentam com eles no sofá."

"Como uma mulher adulta e inteligente torna-se uma pessoa cujo mundo estéril se resume a gavetas de lingerie organizadas em ordem alfabética e produtos orgânicos franceses? Onde está a criança dessa casa?"

"Magérrima, a senhora X só se preocupa em manter a boa aparência, conservar a elegância imaculada do seu luxuoso apartamento (que conta com uma arrumadeira em tempo integral, é claro) e garantir que seu filho de 4 anos não emporcalhe suas roupas de grife."

"Os pais veem o filho como um acessório de prestígio, não como um garotinho com imensas necessidades emocionais insatisfeitas."

"O senhor X está ocupado demais com sua amante de fio dental."

Então, o que tudo isso nos diz?

Você pode ser rico, mas isso não significa que você seja feliz.

Os ricos não criam os próprios filhos.

As mulheres ricas vivem ocupadas demais socializando para cuidar bem dos próprios filhos.

As pessoas magras são egoístas.

As mulheres ricas são fúteis, enfadonhas e superficiais.

Os homens ricos são fanáticos por trabalho, não ligam para a família e só pensam em ganhar dinheiro.

Os ricos são adúlteros.

Agora note que nem a autora do livro nem o repórter dizem, de fato, nenhuma dessas coisas. Elas simplesmente apresentam um "testemunho", para que você mesmo chegue a essas conclusões.

O que nos leva a seguinte questão: por que alguém iria *querer* saber todas essas coisas sobre pessoas magras, ricas e bem-sucedidas?

Porque isso lhes serve de consolo por viverem uma vida de silencioso desespero.

Se você está acima do peso e fora de forma, é bom saber que pessoas magras não são necessariamente felizes. Porque, convenhamos, isso já seria demais! Se soubéssemos que pessoas magras ainda por cima são felizes, isso seria mais do que poderíamos suportar.

E se soubermos que os ricos são pais desnaturados – podemos nos sentir muito nobres por sermos pobres. Se soubermos que os ricos são fúteis, enfadonhos e enganam o cônjuge – então podemos justificar para nós mesmos por que nunca abrimos aquele negócio, por que não fomos atrás daquela promoção ou por que não concretizamos o nosso sonho.

A maioria das pessoas passa o dia todo repetindo informações inúteis transmitidas pelos fofoqueiros de plantão e pelos vários meios de comunicação. Embora possamos amá-los, alguns dos nossos maiores amigos podem, sem ter intenção nenhuma, ser nossos piores inimigos, só por serem eles mesmos. Eles conversam sobre como a economia do país vai mal, contam sobre o último desastre de trem sobre o qual ouviram no noticiário ou sobre quem enganou quem. Você precisa ter certeza de que essas pessoas não vão sabotar a sua filosofia de prosperidade.

Se você leu meu livro *Seja Feliz, Saudável e Rico* (publicado pela Editora Cultrix), então já sabe o que eu penso do filme *Titanic*. Esse é provavelmente o filme mais demoníaco que já foi feito, pois ele convence você de que dinheiro é ruim, os ricos são cruéis e que ser pobre é uma virtude. Exatamente por isso ele se tornou um dos filmes mais populares de todos os tempos.

Por quê?

Porque ele reforça a sua programação de escassez.

O filme *Homem-Aranha* foi um grande sucesso de alguns anos atrás. Foi um enorme sucesso, em grande parte porque está cheio de mensagens insidiosas relacionadas à escassez e à limitação. Se você não as captou enquanto estava em frente à tela do cinema, certamente elas estão no seu subconsciente.

Eis aqui só algumas dessas mensagens subliminares que esse filme passa a você:

A pobreza é algo nobre. Aparecem no filme os parentes pobres que criaram Peter, o pobre órfão. (Aliás, você já notou quantos órfãos existem na literatura popular? Não só o Homem-Aranha, mas também o Batman era órfão e o Super-Homem também. Harry Potter idem, e existem muitos outros. Isso é para ganhar o seu apoio emocional.) Há até uma parte do filme em que o tio de Peter repete o maior refrão do programa de escassez que alguém podia ter falado:

"Somos pobres, mas somos honestos!"

Tradução para a mente subconsciente: os ricos são desonestos.

Essa é a mensagem subliminar número dois. O vilão malvado do filme é, evidentemente, um industrial bilionário. Ele é a ganância e a ambição em pessoa! A própria encarnação do mal!

Essas mensagens são repetidas "n" vezes...

Lembre-se de que a cena em que Peter finalmente consegue reunir coragem para falar com a jovem vizinha, ela parece dar bola para ele, mas, na hora H, o namoradinho rico aparece com seu novo carro (que o papai deu para ele de aniversário). Ela larga Peter falando sozinho e pula dentro do carro, que dispara em alta velocidade.

É alguma surpresa que você tenha crescido detestando os ricos e, subconscientemente, não queira ser como eles? Depois que isso está enraizado em você, a culpa se instala. E é essa culpa que pode impedi-lo de aceitar a abundância que você merece! Em seguida, vamos dar uma olhada em como isso funciona.

4

A virtude do egoísmo

Agora já sabemos que você foi programado pela "informosfera" (TV, rádio, jornal, família, amigos, e-mails etc.) desde que era muito jovem. Como isso o levou a recusar sua abundância?

Primeiro você percebe que, se for rico, pode constranger a sua família. Depois desconfia que os seus amigos podem não gostar mais de você. Então, se você começar a manifestar prosperidade, as pessoas com programação de escassez à sua volta começam a fazer comentários:

"Você pagou quanto por isso?! Não é um exagero?"

"Para que você precisa disso?"

E, claro, o meu favorito: "Há crianças passando fome na África e você paga uma fortuna por essa coisa!?"

Você começa a se sentir culpado quando compra coisas bonitas. Se tem saúde ou um relacionamento maravilhoso, começa a subestimá-los na frente dos amigos que não têm a mesma sorte. Você esconde os seus talentos, porque quer se entrosar. Pode começar a se menosprezar, fazendo comentários autodepreciativos quando está perto deles. E, muito em breve, começa a acreditar nesses comentários que você mesmo faz.

Estou escrevendo este capítulo a bordo do Voo 001 da British Airways, também conhecido como Concorde. Isso é o que eu chamo de prosperidade: pegar um avião em Nova York e em poucas horas chegar a Londres, a tempo de tomar o chá da tarde! Mal posso esperar pelo meu retorno na segunda-feira! Chego em casa uma hora e meia depois de subir a bordo!

Então, quando que alguma coisa é um exagero?

Custa em torno de 12 mil dólares para viajar nessa belezinha. Uma viagem de nove ou dez horas num jato comum custa em torno de 5 mil dólares, na primeira classe. Se você fizer uma pesquisa de preços, pode conseguir uma passagem na classe econômica por 800 dólares.

Quanto vale o seu tempo? Quanto vale o seu conforto? Você se sente culpado por gastar 12 mil dólares numa viagem de avião? Se a resposta é sim, por que se sente culpado? Você já se sentou para analisar de onde vêm esses sentimentos de culpa? Concorda que a programação da qual estamos tratando tem muito a ver com isso?

Parte da culpa que você sente ou sentia no passado originou-se da ideia de que, se você consegue algo bom, isso significa que outra pessoa necessariamente conseguiu algo ruim? Isso é o que acontece com muitas pessoas. Tudo se baseia numa crença na escassez e em recursos finitos.

Se você é como a maioria das pessoas, sente-se muito culpado gastando 12 mil dólares num Concorde, pois acha que esse dinheiro extra poderia ser doado a uma casa beneficente, a uma igreja, a uma instituição de pesquisa que se dedica à cura do câncer etc. A base disso é a crença de que esses são os únicos 12 mil dólares que você tem. Ou você os gasta para voar de Concorde ou para fazer uma boa ação, mas não as duas coisas. Isso se baseia na suposição de que o dinheiro é finito.

Nada podia estar mais longe da verdade...

Digo isso porque você pode gastar 12 mil dólares num voo de Concorde E doar 12 mil dólares a uma casa beneficente, a uma igreja ou a uma instituição de pesquisa. Você só tem que ganhar mais dinheiro! E, se não sabe como – descubra! (Os meus livros podem lhe dar uma grande ajuda nisso.)

O dinheiro – assim como o amor, a riqueza e outros recursos – é algo INFINITO. Todos esses recursos podem ser repostos, simplesmente manifestando mais.

Eu uma vez recebi uma carta de alguém que estava na plateia de uma igreja quando eu fiz uma palestra. Nessa ocasião, contei uma história sobre um voo na primeira classe para o Taiti, onde fiquei num bangalô sobre o mar e podia alimentar os peixes de uma abertura no assoalho. Expliquei que o dinheiro era infinito e eu podia viajar com estilo e ainda fazer muitas boas ações.

Essa pessoa não ficou muito impressionada com o meu raciocínio e perguntou se eu tinha compartilhado meus recursos financeiros infinitos com as pessoas que "viviam na mais profunda pobreza" a alguns quilômetros de distância do meu "luxuoso bangalô". Ela também queria saber se eu "daria alguns desses recursos infinitos a uma mãe que tinha dois empregos e não conseguia pagar uma viagem nem para a cidade mais próxima, quanto mais para o Taiti".

A base de comentários como esses é, evidentemente, a ideia de que "Você tem muito e outros têm muito pouco. Há pessoas necessitadas. Você deveria se envergonhar e começar a dar todo o seu dinheiro até ficar mais pobre do que os pobres à sua volta".

ESSE É O TIPO DE CRENÇA MALDITA QUE MANTÊM TANTAS PESSOAS SEM UM TOSTÃO FURADO!

Ela se baseia na ideia de que as pessoas ricas deveriam distribuir seu dinheiro aos necessitados. Por quê? Porque eles não têm nada. Eles "precisam" desse dinheiro!

Essa é uma ideia completamente antipróspera e anti-humanitária, pois contradiz as leis da prosperidade e da dignidade humana. A prosperidade e a dignidade são, ambas, baseadas na troca de valor por valor (isto é, você colhe o que semeia).

A verdadeira prosperidade se fundamenta no conceito de egoísmo. Sim, de egoísmo.

Como você se sente quando eu digo isso? Como você se sente quando outra pessoa chama você de egoísta?

O que você pensa quando lhe digo que o egoísmo é bom? Na realidade, o egoísmo é a sua prerrogativa moral.

Ayn Rand escreveu um livro intitulado *The Virtue of Selfishness* [A Virtude do Egoísmo]. Quando lhe perguntaram por que ela optou por usar uma palavra que intimida tantas pessoas, ela respondeu, "Pela mesma razão que as faz ter medo dela!"

Como Ayn Rand, eu também uso a palavra "egoísmo" para descrever qualidades virtuosas do caráter humano. Deixe-me explicar...

A definição de egoísmo que está nos dicionários é basicamente a seguinte, "preocupação com os próprios interesses, sem levar em consideração os outros". Isso significa que você se coloca em primeiro lugar, sem se preocupar com o que os outros pensam. Observe que a questão do bem ou do mal não está implícita na definição. "Sem levar em consideração os outros" não significa que você está fazendo algum mal a eles. Simplesmente significa que você é equilibrado e sensível o suficiente para atender às suas necessidades em primeiro lugar. Ora, isso obviamente não é o que a maior parte da sociedade, ou "da tribo", quer que você acredite...

A sociedade lhe diz que você precisa colocar os interesses da coletividade acima dos interesses do indivíduo. Que precisa se sacrificar pelo "bem maior".

<u>Essa ideia é muito perigosa para a sua autoestima e para a sua vida.</u> Desistir da sua felicidade pelo bem das outras pessoas, sejam elas conhecidas ou não, só confirma, aos seus olhos e aos olhos dos outros, que você é alguém insignificante, que não merece nem a sua própria atenção. Essa é uma ideia na realidade anti-humanitária e faz com que você fique mentalmente doente!

A sua sobrevivência e busca da felicidade devem ser os alicerces do seu sistema de valores.

Projete a sua vida com base nos seus próprios meios, de acordo com os seus próprios padrões e visando o seu próprio contentamento. Se fizer menos do que isso, será prejudicial a você. E qualquer coisa prejudicial ao indivíduo é, na verdade, prejudicial à sociedade como um todo.

Mas não pense que a "sociedade" é esperta o suficiente para perceber isso. Ela não é.

As pessoas insistirão em afirmar que as necessidades do indivíduo vêm depois das necessidades das massas. Elas lhe dirão que é responsabilidade *sua* cuidar dos menos afortunados.

Isso parece tão inocente, não parece? Bem, vamos olhar mais a fundo...

Um sábado, você está no quintal, regando o seu jardim, quando um carro passa e você reconhece seu velho amigo Eddie ao volante. Você fica sabendo que ele acabou de perder o emprego, a esposa o abandonou e ele não tem onde morar.

Eddie parece estar sempre em meio a algum drama, razão principal que o levou a se distanciar dele por um tempo. Mas você sente pena dele e o convida para passar a noite na sua casa. No dia seguinte, Eddie pergunta se você se importaria se ele ficasse mais alguns dias, até encontrar um apartamento, e garante que já tem um emprego em vista. Você se sente meio incomodado, mas concorda. Durante a semana, a oportunidade de trabalho não dá certo e, embora você se sinta mal com isso, percebe que ele não está se esforçando muito para encontrar outra.

Passam-se duas semanas e logo você não sente nem mais vontade de voltar para casa. Tem a impressão de que a casa não é mais sua. Lamenta a situação em que se meteu, mas se sente culpado por ser tão egoísta. Afinal de contas, o sujeito não tem para onde ir. Então você entra em casa e encontra Eddie sentado no seu sofá, bebendo a sua cerveja e assistindo à sua TV...

Vamos congelar a cena.

Eu poderia continuar, mas você percebeu onde quero chegar. Aparentemente, qual é a situação aqui?

As pessoas em geral diriam que o pobre Eddie está passando por um período difícil e, como é seu amigo, você tem o dever de ajudá-lo a sair dessa. Você tem sorte; o seu amigo Eddie está numa maré de azar.

Aí está você, na sua bela casa, com um jardim encantador, e ele não tem onde cair morto. Não só não tem um emprego, como seu carro quebrou e ele não tem dinheiro para consertá-lo. Ele não pode comprar outro carro, porque o banco não aprovaria o financiamento. "Os bancos só emprestam dinheiro para quem não precisa."

Ele está com dificuldade para encontrar um emprego, porque precisa receber o salário em dinheiro, pois tudo o que for depositado na sua conta bancária os credores tomarão dele. A "maldita" da ex-mulher também o persegue para que pague a pensão.

A verdade é que você tem umas pequenas economias. Tem um carro e uma casa. Você trabalha e recebe um salário todo mês. Eddie não tem um centavo. E ele "precisa". Você não. E você provavelmente se sente culpado, porque tem tanto e Eddie tem tão pouco.

É exatamente com isso que parasitas como Eddie contam para tirar vantagem de você. Mas vamos olhar a situação mais de perto...

Cinco anos antes, você e Eddie trabalhavam na mesma empresa. Ele batia o cartão na saída religiosamente às cinco da tarde. "Estamos aqui pelo salário", diz ele. "Não ganhamos extra se ficamos até mais tarde." Mas, de qualquer maneira, você trabalhou até mais tarde muitas vezes, porque tinha projetos para terminar e queria a escrivaninha limpa no outro dia de manhã. Eddie era sempre o primeiro a chegar ao bar na hora do Happy Hour. Quando havia alguns projetos extras, você se apresentava como voluntário para fazer. Ele lhe dizia que você era um otário por se oferecer. Quando surgiu a possibilidade de uma promoção, você foi escolhido. Eddie foi demitido um ano depois, porque os chefes eram todos "uns ordinários, que gostavam de puxa-sacos".

Todo mês, você reservava uma pequena quantia para depositar na poupança e comprar uma casa. Eddie não fazia o mesmo porque "não ganhava o suficiente". As prioridades dele eram a vida noturna nos bares, cigarros, televisores de última geração, TV a cabo e outras "necessidades" da vida.

Você não tinha TV a cabo porque preferia depositar 30 dólares a mais no plano de previdência privada. Em vez de pagar a entrada de cinema para ver a estreia de um filme, preferia esperar até que ele saísse em DVD. Você não comprou um gravador de vídeo digital porque achou que valeria mais a pena investir o dinheiro na poupança. Não gastava tudo o que ganhava e investia no seu futuro.

As pessoas lhe diriam que "o pobre Eddie não é um cara de sorte". Na realidade, todos os golpes que ele sofre são criados por ele mesmo. A situação em que está agora é resultado de milhares de pequenas escolhas que ele fez todos os dias.

Ele gastava oito pratas por dia em cigarros porque "as drogas das companhias de cigarro me deixaram viciado". Comprava quatro pacotes de cerveja por semana porque "precisava relaxar". A ex-mulher não sai do pé dele porque faz dois anos que ele não paga a pensão dos filhos. O banco não lhe financia um carro novo porque ele foi processado por não pagar um empréstimo que fez para custear os estudos e, ao abandonar a faculdade, nunca se preocupou em pagar.

Ele sempre gastou mais do que ganhou e agora, quando passa por um revés, não tem recursos para sair do buraco em que se meteu. Então ele desenvolve a mentalidade de "vítima". O papel de vítima que ele representa faz com que os outros se sintam culpados e vivam lhe tirando de encrencas. Ele aprendeu a manipular as suas tragédias pessoais para tirar o máximo proveito delas.

Evidentemente, enquanto estiver alimentando esse vitimismo, ele está programando a mente subconsciente para atrair mais drama, mais tragédia e mais desafios. Aprendeu que pode ignorar as leis da prosperidade e viver o momento, porque sempre há alguém para salvá-lo de pagar o preço. Então ele continua num ciclo interminável de vitimismo, sempre passando por uma situação ou outra. Está sempre sendo despedido, abandonado e tratado injustamente.

Então, qual é a boa ação a fazer? O que um "cristão" deveria fazer nesse caso? A coisa "certa"? Você deveria ajudá-lo?

Bem, eu acho que a resposta é "talvez". Mas, antes disso, vamos ver o que vai acontecer de qualquer maneira.

A previdência social de hoje está pronta para incluí-lo na sua "rede de segurança". O governo o alimentará, vestirá e garantirá moradia a Eddie. O governo tem dúzias e dúzias de programas sociais para todo tipo de contingência, e pode financiar todos eles porque obriga todos os cidadãos assalariados a pagar imposto na fonte. Se você se recusar, é preso.

Mas e se, em vez de pagar os impostos ao governo no dia do pagamento, as coisas fossem deste jeito: você recebe o seu pagamento e, dependendo do país em que mora, você pega 27, 35, 58 ou 62% do que ganha, que normalmente ficariam retidos na fonte, e vai direto falar com o Eddie, no seu sedan de nível médio.

Eddie está no portão bebericando uma cerveja e o olha com malícia enquanto você estaciona. Esperando avidamente do lado de fora do carro, ele vê você se aproximar com um cheque na mão.

"Oi, Eddie!", você cumprimenta. "Pensei em passar por aqui e lhe entregar o cheque, a caminho de casa. Aqui está, mais um mês de comida, roupas, assistência médica, dentista e entretenimento. E como tive um aumento a semana passada, há um pequeno extra para a sua pensão. Bem, vejo você por aí... há mais alguma coisa que eu possa fazer por você? Não? Bem, então já vou indo. Tenho um monte de trabalho para fazer em casa esta noite! Tenha uma ótima noite! Se cuida! Vejo você o mês que vem."

Você concordaria com uma coisa dessas? Na realidade, você já concordou, porque é esse o resultado do sistema de impostos do governo de hoje. Ele foi projetado de modo que as pessoas produtivas sejam penalizadas e as improdutivas, recompensadas. Trata-se de um sistema que incentiva as pessoas a procurar o tempo todo receber algo de graça.

O resultado desse sistema ineficiente é que ele acaba com a sua autoestima. Sacrificar-se e sacrificar os seus valores pelos outros, seja para se sentir melhor com relação a si mesmo ou para aliviar um sentimento de culpa, é algo que enfraquece a sua firmeza de propósito. Sem ela a sua confiança é posta em xeque. Você questiona o seu próprio valor e se sente culpado quando faz coisas para cuidar de si mesmo.

Uma grande firmeza de propósito e a total recusa de viver por padrões que não combinam com seus valores são a chave para uma autoestima saudável e abundante. Somente sendo uma pessoa forte você pode ajudar os outros. Ajudar aqueles que você ama e valoriza, e aqueles que admira porque seus valores são parecidos com os seus.

Da próxima vez que o avião em que você está estiver se preparando para decolar, observe que, durante a apresentação das normas de segurança, você é aconselhado a colocar a máscara de oxigênio antes de ajudar outra pessoa a fazer o mesmo. Ajude as pessoas, por se sentir mais forte que elas, não mais fraco.

Eu estou convencido de que a falta de egoísmo é autodestrutiva. <u>A atitude de encarar o autossacrifício como uma virtude permite que as outras pessoas tirem total vantagem de você; e o comportamento altruísta, se praticado por muito tempo, é destrutivo.</u>

Algum tempo atrás, eu estava conversando com um amigo que é gerente de um restaurante. Ele tinha acabado de despedir um garçom que era amigo dele e trabalhava no restaurante havia nove anos. O garçom tinha de chegar ao restaurante, no domingo às 6 horas da manhã. Ligou às 5 e 50 para dizer que estava doente. Disseram-lhe, então, que viesse na segunda-feira pela manhã, por volta das 7 horas. Ele não apareceu nem telefonou. Só apareceu na terça, numa reunião administrativa, e foi desrespeitoso e indisciplinado. Ficou evidente que tinha voltado a usar drogas. Então o meu amigo o despediu.

Parece uma atitude fria e impiedosa?

Nada pode estar mais longe da verdade. Na realidade, meu amigo se sentiu muito mal por ter sido obrigado a despedir esse sujeito. Mas esse tipo de "amor firme" é a maior chance que esse indivíduo tinha de aceitar a responsabilidade por seus atos e mudar o rumo da própria vida.

Tome como exemplo um empresário que não despede uma funcionária ruim porque tem pena dela. Ele não tem coragem de despedi-la porque a vida da moça está um desastre. A mãe é alcoólatra, o pai abandonou a família, o marido está na cadeia – ou algo assim –, por isso o patrão tolera o comportamento e o estilo de vida autodestrutivos da funcionária.

No entanto, a decisão de não mandá-la embora – contrariando o bom senso, mas para ser "bonzinho" –, significa que outros funcionários com certeza terão de compensar essa falha. E vão começar a ficar ressentidos e zangados. O desempenho de todos vai piorar. Até mesmo os funcionários mais dedicados e trabalhadores vão começar a dar menos de si, pois percebem que nem são tratados com respeito nem recompensados na proporção com que contribuem. A qualidade do serviço ao cliente diminuirá e logo todo o negócio vai começar a sofrer com isso.

Mas digamos que esse empresário tenha agido de outro modo, de maneira mais egoísta, pelo seu próprio bem e pelo bem da companhia. Ele chamou a funcionária relapsa em seu escritório e, depois de explicar as suas razões, avisa que está despedida. Esse poderia ser o chamado de despertar de que ela precisava para mudar seu modo de pensar, melhorar suas atitudes e conseguir um emprego melhor. Um emprego que a faça mais feliz. E, se não fizer isso, pelo menos ele terá uma empresa fora de perigo e funcionários mais satisfeitos.

Igualmente destrutiva é a esposa que encobre os abusos do marido. Ano após ano, ela se sujeita a uma torrente de agressões físicas e verbais. No seu aniversário de 30 anos, ela parece ter 50 e é tão frágil que um vento forte poderia derrubá-la. Uma história de amor que toma o caminho errado.

Imagine, no entanto, se ela tivesse mostrado forte determinação, confiado nos seus próprios valores e ido embora na primeira vez em que foi agredida. Ela teria, egoisticamente, salvo a própria vida do desespero, em vez de viver como um animal destinado ao sacrifício, nas mãos de um brutamontes.

Numa sociedade livre, em que as necessidades do indivíduo vêm em primeiro lugar, as pessoas não sofrem mais de culpa ou preocupação. O autossacrifício é mais do que a raiz da baixa autoestima; ele é uma atitude antipróspera e anti-humanitária. Pois, se a energia viva de cidadãos produtivos é sugada por um bando de parasitas, que incentivo eles têm para continuar produzindo?

Todos os homens e mulheres íntegros devem ganhar a vida trocando valores livremente uns com os outros. Isso significa que ninguém recebe nada de graça. Não há orgulho nenhum em se receber o que não merece.

Deixe-me propor uma situação hipotética que eu criei depois de ser inspirado por algo que meu amigo Stuart Goldsmith escreveu no seu boletim eletrônico.

Imagine que estamos num voo para Bali, a caminho de um dos meus retiros, e o avião cai no mar. Encalhamos numa ilha deserta junto com vinte famílias. Como a ilha é muito isolada e completamente exposta aos elementos, tratamos de começar imediatamente a construir abrigos com a grande quantidade de bambus que existe na ilha. Procuramos uma fonte de água fresca e a encontramos na encosta de uma montanha, a umas duas horas do acampamento.

Felizmente, há caranguejos, peixes, mariscos e mexilhões nos arredores e a ilha tem incontáveis palmeiras e árvores frutíferas; portanto, com um pouco de jeito e alguma habilidade, é fácil encontrar comida. No final das contas, depois de caçar e coletar alimentos, reforçar o estoque de frutos silvestres, fazer fogueiras e cozinhar... depois de atender às necessidades de sobrevivência da nossa família o dia inteiro, estamos todos exaustos quando deitamos nas nossas camas de folhas à noite.

Por ser um grupo pequeno, logo descobrimos que trabalhando em grupo e trocando valores, somos um pouco mais eficientes. Então todos começamos a fazer acordos. Hoje eu vou pegar água e lenha para a minha família e para a sua se, amanhã, você passar o dia consertando o telhado da minha cabana. E amanhã, enquanto eu passo o dia pegando mariscos e coletando cocos para as duas famílias, você passa o dia procurando lenha e buscando água.

Ótimo... conseguimos assim que todas as tarefas sejam cumpridas, mas não conseguimos ir muito além disso.

O progresso beneficia a todos, pois seu intuito é sempre tornar as coisas mais fáceis. Poupar tempo de trabalho pesado e conseguir mais tempo livre para vivermos. Mais tempo, mais liberdade, mais contentamento.

Então, um dia, quando está deitado, completamente exausto depois de ter descido a montanha para buscar água, você tem uma ideia brilhante. E se construísse uma bica de bambu, que levasse a água da fonte até o acampamento e evitasse a agonia de ter de transportar água?

Fantástico! Mas como você vai arranjar tempo para projetar a construção da bica se tem de se preocupar com a labuta diária de alimentar e dar abrigo à sua família?

Você trabalha mais. Enquanto todo mundo está descansando à noite, você trabalha umas duas horas extras, construindo a bica. Depois de semanas de esforço extenuante, você finalmente termina a tarefa.

Essa noite, você chama todos os membros da aldeia e então faz a seguinte proposta:

"Todos os dias vocês passam a manhã toda transportando água da montanha para cá. Eu projetei e construí uma bica que traz água diretamente para a aldeia. Estou disposto a trocar água por peixe, cocos, roupas e outros produtos do trabalho de vocês. Num intercâmbio justo de valores, podemos fazer uma troca.

Vocês ganham, porque não precisam passar quatro horas todos os dias transportando água. Eu ganho, porque não tenho de passar tanto tempo pescando, caçando e plantando. Tudo o que vocês têm de fazer é caminhar do seu abrigo até a minha pequena estação de água e se abastecer de água fresca da montanha!"

Em troca do uso da bica, as famílias concordam em trabalhar apenas uma hora para você caçando ou coletando frutos silvestres para a sua família. Isso significa que o seu inovador sistema de água encanada lhes poupará três das quatro horas que passavam coletando água todos os dias. Você, é claro, poupa 19 horas, por causa de todas as coisas que conseguiu trocar. Você foi recompensado pela sua inovação e engenhosidade.

Sua motivação era egoísta, mas você beneficiou todos da comunidade.

Você foi criativo e se dispôs a empreender um esforço extra. Não foi fácil carregar o bambu montanha acima, encaixá-los e amarrá-los, mas VOCÊ pagou o preço. E merece orgulhar-se de si mesmo. Acabou de economizar 19 horas de trabalho. Você costumava trabalhar 12 horas por dia. Agora teve o benefício de 19 horas a menos. Isso significa que tem um excedente de mercadorias que corresponde a sete horas de trabalho.

Então decide abrir uma barraquinha, que funciona das sete às oito. Assim você troca o excesso de mercadorias que tem pelas coisas de que precisa. Você continua a trocar e coletar mais coisas. Muito em breve, consegue ampliar a sua pequena cabana. Acrescenta uma sala de bilhar e constrói um terraço no quintal. Depois de um tempo já tem três bicicletas na garagem e uma piscina no quintal. Você está colhendo os frutos do seu trabalho e espírito inovador.

Observe que ninguém foi forçado a fazer esse acordo com você. Se eles não quisessem trocar uma hora de trabalho com você, poderiam continuar subindo a montanha e pegando a sua própria água todos os dias. Claro que ninguém quis, pois seria uma tolice; lhes custaria muito mais tempo e esforço.

Agora o seu vizinho Fred se inspirou em sua invenção. Ele decide usar as três horas que poupou por não ter de buscar água para construir um barco de troncos de árvores. Agora ele pode sair para pescar em águas mais profundas e fisgar peixes maiores. Ele teceu uma rede de folhas de palmeira e consegue pescar muitos peixes de uma só vez, em vez de esperar que alguns poucos se aproximem das pedras para tentar acertá-los com uma lança.

Ele abre a "Peixaria do Fred" e faz todas as sextas-feiras "A Noite do Peixe Frito", quando os clientes podem se servir à vontade. O peixe é delicioso e o lugar acaba virando ponto de encontro toda semana. Fica tão lotado que Fred contrata uma vizinha da cabana 6 para ajudá-lo a servir todo mundo. Também contrata o rapaz da cabana 11 para fazer refrescos de abacaxi e manga. Com esse trabalho de meio-período, eles ganham alguns cocos extras, que podem trocar por outras mercadorias e serviços de que precisam.

Enquanto isso, o restaurante de Fred prospera e ele resolve abrir mais um do outro lado da vila. Como fundador da primeira cadeia de restaurantes da ilha, Fred começa a fazer palestras motivacionais. A sua história inspiradora de alguém que fez fortuna do nada inspira milhões (tudo bem, dúzias) de pessoas do mundo todo (ok, da ilha toda).

Fred é tão bem-sucedido agora que pode ficar o dia inteiro deitado, fazendo artesanato. Você e Fred projetam um campo de golfe para ocupar as suas tardes. Ele confecciona tambores de coco e você inventa colares diferentes feitos de sementes e começa a pintar paisagens. É o início das artes na sua pequena ilha.

Há muitas possibilidades no paraíso à sua volta. *É claro que as famílias que ainda não fizeram inovações para poupar tempo veem as coisas de modo um pouco diferente...*

Na realidade, elas parecem ter se esquecido de que dois de vocês lhes pouparam muito tempo e esforço com as inovações que fizeram. Elas os veem deitados na rede, enquanto têm de trabalhar como mouros para coletar frutos silvestres. Ficam morrendo de inveja e cheias de rancor, porque "não é justo!"

Organizam uma reunião e decidem eleger um prefeito. Alguém preside uma plataforma "populista para o povo" e essa pessoa é eleita por uma maioria esmagadora de 18 a 2. Essa pessoa imediatamente introduz um sistema socialista "para o bem da coletividade". Ela precisa receber um pagamento por isso, assim como contratar ajudantes para inspecionar a bica, pessoas para expedir uma licença para o barco de pesca, para varrer o chão da nova prefeitura e assim por diante, portanto começa a cobrar impostos.

Os membros da aldeia começam a mostrar desagrado. A coisa não é tão boa assim. Eles não gostam nada dessa história de pagar impostos.

Então o novo prefeito anuncia que todo mundo tem "direito" à água e a um peixe grande, por isso ele estatiza a bica e a indústria pesqueira. O governo toma posse da sua bica. O barco de Fred é confiscado também. Agora os aldeões estão de acordo com o prefeito. Percebem que não precisam mais trocar o fruto do seu trabalho com você e o Fred. O governo vai lhes garantir a subsistência. Não se importam em pagar impostos, porque percebem que são eles que lhes dão acesso ao seu bolso e ao bolso do Fred. Agora as coisas estão mais "justas". A sua pequena ilha está a caminho do socialismo, que é simplesmente o comunismo de batom.

Esse é o começo do fim...

Nesse cenário, os ilhéus insatisfeitos e cheios de ressentimento "tomam posse dos meios de produção" em nome do povo. Se você resistir, é preso ou executado sob a acusação de ser "inimigo do estado". O povo fica feliz, porque agora tem livre acesso à água e ao barco pesqueiro. (Claro que tem de pagar, mas obtém muito mais vantagens do que os impostos que pagam, por isso não se importam.)

Mas o que vai acontecer depois?

Kathy, que tinha a ideia de captar energia solar e eólica para gerar eletricidade pensa com ela, "Me importar com isso para quê?" Fernando, que tinha a ideia de inventar um descascador de coco, pensou a mesma coisa. Ambos concluem que o trabalho e recursos extras que terão de dedicar à inovação não serão recompensados, pois o governo confiscará o excesso que criarem e distribuirá entre os parasitas. O progresso e a inovação deixam de acontecer, porque o governo confiscará o excedente que eles criarem e distribuirá entre os que não contribuem com nada.

O progresso e a inovação deixam de acontecer. Curas para doenças nunca serão descobertas; invenções nunca serão feitas; e a vida continuará sendo a mesma luta primitiva pela sobrevivência. Na verdade, as pessoas só continuarão a correr atrás de esmolas e, por fim, a pequena coletividade acabará entrando em decadência e se extinguindo.

A virtude do egoísmo

O mundo viu que o comunismo não funciona. Em todo o globo, ele fracassou miseravelmente. O último remanescente foi Cuba, uma nação que está na bancarrota. O experimento no socialismo foi pelo mesmo caminho. O que chamamos de livre-comércio no mundo ocidental é na realidade só uma versão atenuada de socialismo.

Ora, o que estou querendo dizer com tudo isso?

Não estou debatendo o lado político da situação, por mais fascinante que ele possa ser. Estou só querendo ajudá-lo a perceber a programação de escassez e limitação a qual somos expostos desde a infância. E fazer você entender que <u>o próprio sistema em que você vive faz você se sentir culpado por ser bem-sucedido, e recompensa você por fazer menos do que é capaz</u>. Isso cria pessoas codependentes e disfuncionais. <u>Se você aceitar esse modo de pensar, as suas chances de conquistar sucesso real são quase inexistentes.</u>

Como seres humanos cocriativos, estamos contra uma massa de pessoas que quer ter tudo sem dar nada em troca e com governos do mundo todo que querem dar isso a elas. A triste verdade é que o seu governo não quer que você seja bem-sucedido. O seu governo quer e precisa que você seja uma peça da engrenagem para apoiar o seu sistema de dar dinheiro para ser reeleito.

Os governos não querem que você seja bem-sucedido por outras razões também...

Se você é superprodutivo e a sua ideia segue a tendência, você pode ganhar milhões, como Bill Gates e outros bilionários. Isso faz de você uma grande ameaça. Com esse tanto de dinheiro você poderia derrubar o governo.

RICO OU POBRE: A PROSPERIDADE É ESCOLHA SUA

Se você é um livre-pensador, pode optar por dar as costas ao sistema e seguir seu próprio caminho. Então, como o governo poderia lucrar com os seus esforços? Sem meios de cobrar impostos dos cidadãos, como o governo ficaria no poder? Afinal de contas, é a sua distorcida plataforma de Robin Hood que garante que seja reeleito pelas massas.

A verdade é que um ser humano produtivo, inovador e inteligente no mundo de hoje tem que ser forte em sua resolução para se elevar acima dos aproveitadores e parasitas e viver uma vida próspera e gratificante.

Na sua jornada rumo à autorrealização, você descobrirá que não é só o governo que não quer que você seja bem-sucedido; também há casos em que a sua comunidade, os seus amigos e a sua família também não querem.

Vamos tomar como exemplo uma história verídica. Numa cidadezinha mora um magnata da mídia local. Ao longo de sua carreira, ele lançou mão do seu tino nos negócios para comprar várias empresas jornalísticas, que ele dirige. Ele compra uma imensa mansão numa linda propriedade de frente para o mar, grande o suficiente para comportar o hobby de sua mulher. Ela cultiva flores e as vende no mercado da região.

Por ser um homem de negócios muito astuto, ele analisa o seu imposto de renda e descobre que pode pagar menos imposto sobre a sua propriedade. O cultivo de flores da esposa pode ser registrado como uma atividade sem fins lucrativos, o que faria com que os impostos fossem bem menores. Já faz alguns anos que ela vende flores na comunidade e é conhecida na região por amar jardinagem. Então, ele resolve registrar o negócio.

Um repórter local, que provavelmente não ganha mais de 25 a 30 mil dólares por ano, fica sabendo que o sr. Magnata e sua mulher empresária estão se valendo de um incentivo fiscal para lucrar mais. Por ter um viés socialista, ele escreve uma crítica severa no jornal da região. Como um homem tão abastado, que já tem tanto dinheiro e tantas propriedades, pode ser tão criminoso a ponto de burlar o imposto de renda daquele jeito?

Logo a comunidade está em alvoroço. Como ousam?! A estufa da propriedade é maior do que a casa da maioria das pessoas! Olhe o carro que eles dirigem! O socialista protesta... "E as pessoas não produtivas? Elas não têm uma chance? Por que os magnatas conseguem grandes descontos no imposto de renda e muitas pessoas não?

Bem, por causa de uma coisa: a maioria das pessoas não faz do seu hobby uma atividade lucrativa de meio-período! O protesto foi alto o suficiente para que as autoridades da cidade fossem pressionadas a mudar as leis. Eles proibiram as pessoas de registrarem seus hobbies como atividades sem fins lucrativos e um suspiro de alívio ecoou pela cidade.

Por que pessoas normalmente apáticas ficam iradas ao pensar que uma pessoa pode prosperar graças à sua engenhosidade? Acredito que seja porque elas estão tão arraigadas à consciência de pobreza que ficam ressentidas diante de uma pessoa próspera. Elas têm inveja de quem é bem-sucedido.

Eu certamente vivi isso na minha infância. Lembro-me de ter muita inveja das crianças que iam viajar nas férias, que tinham bicicleta, minikarts e outros brinquedos que a minha família não podia comprar. Quando tinha idade suficiente para dirigir, eu olhava os rapazes que podiam comprar um carro e ficava com mais inveja ainda.

Eu via pessoas morando em casas mais bonitas e sempre me perguntava por que elas tinham tudo aquilo e eu não. Eu achava que muitas pessoas eram ricas. Depois que adotei esse modo de pensar, tornei-me uma vítima. Assim como nosso amigo Eddie com o qual começamos este capítulo.

O que acontecia no meu caso – sem que eu soubesse – era que, no nível subconsciente, eu começava a odiar os ricos e achava que eles eram ruins. O fato era que eu queria ser rico. (Ou, pelo menos, era isso o que eu acreditava.) Na realidade, eu queria ser milionário quando tinha 35 anos. Passava quase todo o tempo pensando nisso e queria muito mais da vida; não gostava de ser um duro.

O problema era que, no fundo, eu ainda acreditava que os ricos eram ruins.

Embora eu quisesse ser rico, eu fazia coisas diariamente que estavam me distanciando cada vez mais da riqueza. O meu trabalho, as pessoas com quem eu andava, os meus relacionamentos problemáticos e uma completa falta de autodesenvolvimento – tudo me levava a pensar como as pessoas à minha volta.

E todos nós pensávamos como vítimas.

E é isso o que acontece com a maioria das pessoas no dia a dia. Elas vivem em conflito com elas mesmas. São vítimas da sua própria programação subconsciente.

Felizmente, eu cheguei ao fundo do poço. E, quando não tinha absolutamente nada, fui capaz de deixar de lado todo o pensamento negativo também. Como uma lousa em branco, comecei a preencher a minha vida com conhecimento, ideias e atividades que me ajudariam a entrar em harmonia com a prosperidade que tanto buscava.

Eu não fiz isso continuando a conviver com as mesmas pessoas e mantendo os mesmos padrões de pensamento, no entanto...

Quando começa a adotar crenças de abundância e prosperidade, você para de comer coisas que deixam você doente. Para de fazer coisas que o colocam em encrenca; e para de andar com gente problemática, pois eles o deixam de baixo astral. Nada disso interessa mais a você.

Em vez disso, você começa a comer direito e se sente muito bem! Com essa energia e vitalidade, toma atitudes que o levam à prosperidade. Quando você age de acordo com seus valores, começa a encontrar pessoas que gostam das mesmas coisas que você na vida.

Em nosso mundo comandado pelas massas, há bilhões de pessoas que pensam na escassez. Eu diria que a maioria das religiões do mundo prega a escassez, que os sistemas educacionais ensinam sobre ela e que fazemos parte de uma raça humana que acredita que só as pessoas boas, mas pobres, são recompensadas.

Acredite você ou não, as massas optam pela pobreza, apesar do fato de que gostariam de ter dinheiro. A mídia, os canais de TV e os marketeiros se esforçam para refletir essas crenças que reforçam a necessidade de aceitação das massas. Nossa cultura celebra a mediocridade. É preciso muita coragem para uma pessoa perseguir seus sonhos. Somos muitas vezes ridicularizados por ter ideais e objetivos elevados. O mais triste é que esse tipo de falta de incentivo muitas vezes começa na nossa própria casa, com a família e os amigos.

Se você acha que isso pode não ser verdade, eu gostaria que fechasse os olhos por um momento e imaginasse que é Reveillon e a sua casa está cheia de amigos e familiares. Num momento de inspiração, você pede silêncio e anuncia que é sua intenção tornar-se um bilionário no ano que se inicia.

Diante do silêncio mortal ou do ar de espanto das pessoas, como você se sentiria? Você imediatamente recua e diz que estava brincando para desfazer o clima de constrangimento? Como você se sente agora, só pensando sobre isso?

Na escola, tenho certeza de que nunca lhe ensinaram sobre prosperidade. Ora, eu tenho dois bons amigos que são professores e eu realmente acredito que muitos professores fazem a diferença. A maioria, porém, ensina os alunos a serem "realistas" com suas esperanças e sonhos. Eles podem incentivar alguém que queira ser um multimilionário da Internet a ser "realista" e aceitar um emprego no qual ganhe 30 mil por ano no ambiente corporativo.

Embora pensem que estão fazendo um favor aos alunos avisando-os sobre como é o mundo lá fora, no mundo real, na realidade os professores estão fazendo um desserviço ao aniquilar suas aspirações.

A família funciona do mesmo jeito. E nem é preciso dizer que tem boas intenções. Tenho certeza de que, do jeito deles, a maioria dos nossos familiares têm boas intenções. Os pais ensinam os filhos a procurar empregos seguros, até mesmo num sindicato, "se tiverem sorte"; os avós falam sobre como a vida das crianças é boa agora, comparada com o que era quando eles eram crianças. Eles contam sobre a época da Depressão e o quanto era ruim viver naquele tempo.

Lar é onde aprendemos a assistir TV. E você sabe como eu me sinto com relação à TV e a programação que ela propaga. Aliás, você já viu um comercial de um colar de 100 mil dólares? De um jatinho? De um Rolls Royce?

Na verdade, você não vê muitos anúncios sobre coisas que sejam ao menos remotamente prósperas. A maioria é da mais nova refeição do McDonald's ou de brinquedinhos de plástico. Comerciais de cerveja e de refrigerantes não faltam. Venha já para o Wal-Mart!

A ironia é que as massas têm sua realidade refletida de volta para elas e essa realidade tem a ver com a consciência de escassez. Essa consciência de escassez é o que convence as massas. É o que elas usam, o que elas veem, o que elas comem. Eu tenho amigos e familiares que fazem parte dessa realidade de massa. Que acreditam nela e a vivem no dia a dia.

Como eu disse antes, você tem que ter coragem para abandonar esse modo de pensar, ou de não pensar. Muitas pessoas acham que esse é um enorme obstáculo. Desgarrar-se do rebanho é algo que dá muito medo.

Se formos bem-sucedidos, será que a nossa família e amigos não vão achar que somos más pessoas? Eles acham que outras pessoas ricas são ruins – por que não seremos? Se eu contar aos meus amigos meus sonhos e esperanças, eles vão me achar ridículo? Por que eles riem e falam às minhas costas? E se eu largar meu emprego "seguro" para fazer o que sempre sonhei, ele ou ela vai me abandonar? E se eu tentar com todo o meu empenho e fracassar? Todos vão rir? Se a minha casa for maior do que a dos meus pais, isso vai deixá-los ressentidos? Eles vão deixar de me amar?

O medo do sucesso é um resultado direto da baixa autoestima e da falta de egoísmo. Você reparou que todas essas perguntas são sobre as outras pessoas e sobre a única pessoa cuja felicidade está em risco: você.

Pense em prosperidade! Reconheça a consciência de escassez e expulse-a dos seus pensamentos. Veja-se no papel de mártir que se sacrifica pelos outros e recupere o respeito por si mesmo. Toda pessoa deste planeta merece viver em abundância. Toda pessoa deste planeta é capaz de coisas grandiosas.

Um dos maiores cientistas do mundo é tetraplégico. Alguns dos nossos melhores atletas participam das Paraolimpíadas. Toda pessoa é capaz de coisas grandiosas se colocar na cabeça que vai fazê-las.

Mas para isso você precisa ter pensamento crítico, que é algo que o rebanho ainda não tem.

Em outras palavras, as pessoas não sabem que têm. Faz tanto tempo que dizem a elas O QUE fazer que não sabem mais pensar. O que isso lhe ensina?

A maioria das pessoas é burra. Uma burrice igual a da ovelha que é levada para o abatedouro. São autômatos acéfalos que seguem uma programação. E não estou tentando parecer cruel ou arrogante. Mas, se você quer a verdadeira prosperidade, tenho que lhe dizer a verdade.

Se quer aceitar a sua abundância – você precisa ser um rebelde.

O motivo por que a maioria das pessoas vive em calado desespero é o fato de que elas não têm discernimento. O motivo pelo qual Bill Gates é bilionário é o fato de ele ser capaz de discernir coisas que outras pessoas não são capazes de discernir.

Ele questiona as coisas. Ele se pergunta, "E se...?", "Por que...?" e "Por que não...?" Ele é capaz de discernir a diferença entre algo que é assim porque faz sentido ser assim, e algo que é assim porque "todo mundo faz desse jeito". Bill Gates é um rebelde.

O mesmo vale para Henry Ford, J. Paul Getty, Andrew Carnegie, Leonardo da Vinci, Guglielmo Marconi, Thomas Edison, Albert Einstein e todos os pensadores brilhantes da história. Pessoas bem-sucedidas não pensam como o rebanho. Elas questionam tudo.

Já que estamos falando de Bill Gates, vamos comparar a maneira como ele pensa com a maneira como a maioria das pessoas pensa. Eu estava esperando meu voo numa sala de espera do aeroporto, quando comecei a ler uma conhecida revista de negócios. Havia uma coluna de Stuart Alsop criticando a Microsoft e Gates. Sob o título "A coisa certa para regulamentar", a matéria perpetuava a afirmação de que a Microsoft é um monopólio e defendia a intervenção do governo com relação a isso.

Que alvo mais fácil! É claro que agrada ao rebanho. Por que todo mundo pode concordar que a Microsoft é a "estrela da morte", destruindo tudo em seu caminho até controlar o mundo. Quero dizer, Gates vale quanto? Quarenta bilhões? Sessenta? É para chorar, certo?

Não, certo nada. Está errado, muito errado.

Quando um escritor de mente estreita escreve como Alsop, ele está apelando para as crenças de escassez e limitação dos leitores. Está simplesmente demonstrando que não entende nada de como o capitalismo e a iniciativa privada funcionam.

Quando alguém perguntou a Ayn Rand por que os americanos são tão anti-intelectuais, ela respondeu que era porque os intelectuais dos Estados Unidos eram muito antiamericanos.

Eu achei simplesmente incrível que uma revista que é supostamente um ícone do livre-comércio publique uma bobagem socialista como essa. Mas, evidentemente, eles publicam.

O que você acha que acontece com você quando lê um disparate desses? Ele programa você para a escassez. Você se vê como uma vítima indefesa de uma empresa multibilionária e precisa que o governo o "salve" dos seus abusos.

Qual é o crime da Microsoft? Criaram um software que milhões de pessoas querem usar. Milhões de pessoas como eu – que não são especialistas em computação – descobriram que podem trabalhar de fato com um computador que usa o sistema operacional Windows.

Mas espere aí, você diz. O governo norte-americano não disse que a Microsoft está vendendo o navegador junto com o sistema operacional e por isso dominaram o mercado e criaram um monopólio?

(Ai, ai...) eis aqui uma analogia. Suponhamos que Tony Robbins e eu tenhamos dado um seminário no mesmo fim de semana em Chicago. Eu ofereci um CD grátis com a inscrição. Será que Tony deve me processar? Recorrer à justiça? Ele poderia alegar que está diante de uma concorrência injusta, que estou restringindo o mercado ou que criei um monopólio.

A virtude do egoísmo | 63

Mas e se ele simplesmente oferecesse um CD gratuito cada vez que alguém se inscrevesse para o seminário dele? Ou, melhor ainda, se ele oferecesse dois!?

Veja que o governo não precisa fazer leis para regulamentar as empresas que dão seminários, controlar preços ou determinar valores. Se você deixar o livre-comércio trabalhar, isso será suficiente para que o consumidor não seja lesado. A competição é o que mantém os preços baixos e os valores altos.

Se você quer mesmo manifestar prosperidade na sua vida, Bill Gates deveria ser um dos seus maiores heróis. E a Microsoft deveria ser tratada pelo governo dos Estados Unidos de acordo com o que ela realmente é – uma verdadeira história de sucesso norte-americana.

É fácil retratar a Microsoft como um monstro de um bilhão de dólares, devorando tudo em seu caminho. Isso é o que Alsop e a maioria dos meios de comunicação queriam que você pensasse. Trata-se de um alvo fácil que agrada ao populacho.

Esses ataques ignoram um fato muito simples. A Microsoft é uma empresa formada por uns rapazes que abandonaram a faculdade – porque tinham uma ideia e um sonho. Bill Gates e Paul Allen criaram uma companhia com base na inovação e atraíram pessoas como Richard Brody e legiões de outras mentes brilhantes.

O que acabará controlando a Microsoft não é a regulamentação governamental. É o fato de que, agora mesmo, no mundo todo, existem outros rapazes brilhantes sentados num alojamento universitário com nada mais do que embalagens de pizza em volta deles e que desenvolverão um novo software que fará o Word, o Excel, o Explorer ou até mesmo o Windows obsoletos.

E eles farão isso movidos pelo desejo de viver o sonho americano, como personificado por Gates, Allen e milhares de milionários criados pela Microsoft.

No entanto, se você ler as revistas de negócios ou de informática, será aos poucos convencido a achar a Microsoft uma vilã e Gates um inimigo. É por isso que você tem de ter discernimento. Questione o que lê e ouve. Analise por que o povo pensa do modo como pensa. E pense de modo diferente!

Eu morava com uma colombiana chamada Aura Alicia. Um dia estávamos sentados no sofá juntos e ela me pediu para pegar a bolsa dela, que estava numa poltrona ao lado. Ela pegou o que queria e devolveu-me a bolsa, que eu coloquei no chão, ao meu lado.

"Não, não, não!", ela exclamou.

"O que foi, o que foi, o que foi?", perguntei, pegando a bolsa de volta.

"Lugar de bolsa não é no chão", ela respondeu com firmeza.

"Ah, desculpe", respondi, e coloquei a bolsa de volta na poltrona.

Uns trinta segundos depois, comecei a rir. Aura queria saber o que era tão engraçado. Quanto mais ela perguntava, mais eu ria. Por fim, consegui me recompor e responder.

"Lugar de bolsa não é no chão?", perguntei. "Isso me parece algo que a sua avó dizia." (Nós dois tínhamos na época em torno de 28 anos.) "E, além disso, me diga por que o chão não é lugar de bolsa".

Ela pensou um pouco e começou a rir também. Não tinha ideia da razão por que o lugar de bolsa não é no chão. Só se lembrava de que uma vez, quando era criança, tinha colocado a bolsa da mãe no chão e recebera a mesma bronca. Nunca percebera que essa programação continuava na mente subconsciente dela e viria à tona vinte anos depois.

Começamos a aprender as coisas quando temos em torno de 2 anos de idade – e a maioria das pessoas nunca as questiona. As pessoas prósperas questionam. E, por isso, elas acumulam novos conhecimentos e têm novas ideias que os outros não têm.

Não muito tempo atrás os telefones celulares eram ficção. Quando Marconi sugeriu o rádio, as pessoas acharam que ele estava louco. E Edison? Todo mundo sabia que a ideia da lâmpada era uma maluquice.

No entanto, muitas vezes "todo mundo" erra.

Estou convencido de que os níveis mais elevados de sucesso nos esportes, nos negócios e na vida não são resultado de competência, de treinamento e de capacidade, mas da mentalidade da pessoa que atinge esses níveis.

Isso muitas vezes requer que pensemos o contrário do que a maioria pensa. E SEMPRE requer que questionemos as crenças que temos. Sobre tudo.

Você sabia que, quando você devolve um peixinho dourado a um lago, ele continua a nadar em círculos, como se ainda estivesse num aquário? Por quê? Porque aceitou a crença de que, se nadar para mais longe, vai bater no vidro. Ele sempre nadou assim. Qualquer outro jeito é "impossível".

Quando você questiona as suas crenças – questiona as suas limitações. Se elas lhe servem, passarão no seu escrutínio. Se não sobreviverem ao seu questionamento – você pode deixá-las de lado e substituí-las pelas crenças que realmente o beneficiem.

Eis alguns exemplos: você pode acreditar que não é fácil ter sucesso profissional sem uma boa faculdade, que só quem tem dinheiro ganha dinheiro, que fazer negócio em grandes centros urbanos/em cidades pequenas é difícil e que pessoas da sua origem sofrem para vencer na vida.

Você pode descobrir que essas crenças não lhe servem mais e decidir substituí-las por outras que lhe beneficiem.

Por exemplo:

Bill Gates e Paul Allen venceram na vida sem ter uma boa faculdade. Eu também posso.

Para ganhar dinheiro você só precisa de uma boa ideia.

Há pessoas na minha cidade que já são bem-sucedidas. Isso significa que eu posso ser também.

Muitas pessoas com as mesmas origens que eu são bem-sucedidas; ninguém pode me pôr para baixo a não ser eu mesmo.

Questionando o *status quo*, você evita cair na mentalidade de vítima e ficar com medo, com dúvidas acerca de si mesmo e com pensamentos de escassez. Você reconhece o egoísmo como uma virtude e não como uma deficiência, como as pessoas em geral acreditam. Você percebe que, quando o governo exerce o papel de Robin Hood, ele na verdade prejudica todo mundo. Isso pode trazer à baila a pergunta que pode estar incomodando você...

Ou seja, e quanto aos menos afortunados? Será que devemos simplesmente esquecê-los? Sobrevivência dos mais fortes?

Não. Nós os tratamos com amor, compaixão e humanidade. Mas fazemos isso por nós mesmos, não porque o governo está nos apontando uma arma.

A maior dedução que eu tenho no meu imposto de renda a cada ano são as doações que faço para obras de caridade. E isso acontece todo ano. Eu ajudo crianças abandonadas, minha igreja, os direitos humanos, a Ópera, o festival de cinema e várias outras causas. E quer saber de uma coisa?

Só posso fazer isso porque sou bem-sucedido. Quando eu não tinha um tostão furado, não ajudava ninguém. Eu gosto de apoiar essas causas e faço isso porque sou egoísta. Faço doações a elas por causa da alegria que elas me proporcionam ao fazer isso.

Parece irônico, mas é a pura verdade. Se você quer ajudar outras pessoas, fazer a diferença e deixar algum tipo de legado – saiba que tudo começa pelo egoísmo! Agora, no capítulo seguinte, vamos analisar como isso funciona com razão e propósito.

5

O propósito que norteia a sua vida

"Essa é a diferença no seu caso", comentou Peter Pearson num jantar uma noite. (Peter é um membro do meu conselho Mastermind.) "Você realmente não se importa com o que as pessoas pensam de você."

"Isso é verdade", respondi.

"Não, eu quero dizer que *realmente* não se importa!", ele exclamou.

Ele tinha razão. Agora, eu estaria mentindo se dissesse a você que sempre fui assim. Na verdade, ocorria o oposto.

Eu poderia entretê-lo com as histórias da minha infância e analisar de onde vieram as minhas inseguranças – mas para quê? A vida é assim. As coisas são o que são. Ou como dizem alguns sujeitos que vão aos meus seminários, "Se eu encontrar a minha criança interior, vou lhe dar um belo chute no traseiro!"

Sim, é fascinante a história sobre a ocasião em que a sua mãe tentou dar um banho de bronze nos seus sapatinhos de bebê com os seus pezinhos ainda dentro deles! Assim com a história sobre como o seu pai ensinou você a nadar levando-o para passear no barco a remo e atirando-o na água bem no meio da lagoa. E, quando você finalmente conseguiu rasgar o saco onde estava preso, ele já tinha ido embora.

Chega um ponto em que você simplesmente tem que esquecer tudo isso. Tocar a vida em frente. Você precisa estar disposto a deixar de lado a mentalidade de vítima e esquecer o passado, pois é nesse ponto que começa a sua mudança.

Depois que desenvolve uma autoestima forte, você não se preocupa mais com o que os outros pensam de você. Você entende que a responsabilidade é deles e não tem nada a ver com você. E esse é um componente muito importante da aceitação da sua abundância.

Então, nós temos duas questões aqui, cujas raízes são as mesmas. A primeira é a questão da autoconfiança e a segunda é ter um processo de pensamento diferente da maioria das pessoas. Não participar do "consenso geral".

No último capítulo, vamos olhar para o sucesso de um jeito diferente. Agora, eu gostaria de explicar de modo mais detalhado como você desenvolve a tendência natural para fazer justamente isso.

Tudo começa com os seus valores básicos fundamentais. As coisas que são mais importantes para você, pois são elas que norteiam as suas ações no dia a dia. E esses valores são decorrência do propósito central da sua vida. O que explica por que a maioria das pessoas passa a vida inteira doente, pobre e burra.

Ora, eu não estou dizendo que isso significa ser arrogante ou cruel, mas simplesmente falar a verdade. E a verdade é que a maioria das pessoas passa a vida inteira lutando e simplesmente reagindo aos acontecimentos à sua volta, ignorando o fato de que elas ajudam a provocar esses acontecimentos. Como um barco à deriva no mar, elas se veem açoitadas pelas circunstâncias externas, um pequeno objeto sujeito à fúria do universo.

A maioria das pessoas não está nem perto de ter a saúde ideal. Na verdade, podemos calcular que 80% delas sofrem de obesidade, fadiga, pouca capacidade cardiovascular, doenças ou uma combinação desses fatores.

Quase todo mundo está longe de ser rico. Isso pode parecer um absurdo, se considerarmos quanta prosperidade se vê em países desenvolvidos da América do Norte, da Europa e da Ásia e em muitos outros lugares. E não há dúvida de que progredimos muito.

A maioria das pessoas consideradas pobres nessas regiões tem saneamento básico, eletricidade, serviço de telefonia, aquecimento, ar-condicionado e, claro – TV. Por isso elas são ricas quando comparadas com os padrões do terceiro mundo.

Mas eis aqui a realidade?...

A maioria dessas pessoas tem um monte de "coisas" – mas bastaria uma conta de hospital ou a um afastamento de duas semanas do trabalho para que elas fossem à falência. Os débitos pessoais nunca foram tão altos e nunca se poupou tão pouco. Essas pessoas dão a impressão de que são prósperas, mas na realidade não têm onde cair mortas.

O que nos leva à opção número três. Elas são burras. Só o fato de que a maioria das pessoas passa a vida doente e pobre já mostra que elas não são exatamente um gênio. E antes que você me acuse de ser arrogante e insensível, espere um pouco! Não estou feliz que essas pessoas vivam desse jeito, e não sinto nenhum prazer com isso. E por isso que eu estou escrevendo isso agora e faço o trabalho que faço. Estou escrevendo este livro para ajudar a mudar essa realidade.

Embora possa concordar que muitas nasceram como vítimas das circunstâncias, não acredito que tenham que continuar nesse estado...

Eu próprio nasci burro, doente e pobre e vivi quase 30 anos nessa condição. Mas acabei me convencendo a sair dessa e acredito que todo mundo pode fazer o mesmo. Eu quero que você, e milhões de pessoas como você, tenham uma vida de saúde, abundância e estímulo intelectual. Para que encarem cada dia com expectativa, entusiasmo e alegria.

Para isso, contudo, pode ser necessário que você faça uma mudança radical no seu jeito de pensar, nas suas crenças e nas suas opiniões sobre a vida...

Isso pode significar que você precisará pensar pela primeira vez em dar um propósito à sua vida ou mudar a que você tem agora. E isso pode significar que você tenha de alterar dramaticamente a sua visão de si mesmo e do papel que representa neste mundo. Se é como a maioria das pessoas doentes, pobres e ignorantes, você define a si mesmo com base nos papéis que representa (marido, engenheiro, membro da orquestra sinfônica, etc.) e vê o seu propósito na vida da ótica de servir aos outros, contribuir para o bem maior ou cuidar das pessoas à sua volta.

Se esse for o seu caso – você é maluco. E não há dúvida de que é doente, pobre e burro!

Agora, se você não atirou este livro longe depois dessa minha última afirmação, deixe-me explicar meus comentários. Se você se define com base nos seus papéis (mulher do Ray, marido da Becky), então não tem identidade pessoal. O que significa que tem baixa autoestima e uma opinião muito ruim a respeito de si mesmo.

E se acha que o principal propósito da sua vida é servir aos outros, você provavelmente é o responsável pela redação de pelo menos três capítulos do "Manual dos Codependentes Anônimos".

Deixe-me recorrer aos arquivos e dizer que, se o principal propósito da sua vida é "servir aos outros", então você tem uma opinião muito ruim acerca de si mesmo, não acredita que tenha valor e passou por muitas experiências de escassez e limitação na vida.

Ora, você poderia responder ao que eu disse aqui com uma afirmação do tipo, "Na verdade eu não preciso de todas essas coisas exteriores para ser feliz. Não ligo para dinheiro e para bens materiais. Um carro só serve para me levar de um lugar a outro. Estou feliz em viver num casebre no meio de uma floresta e dar aulas de religião para os nativos. Se eu tiver algumas larvas para comer e um telhado de sapê sobre a cabeça, estou satisfeito. Estou ajudando as pessoas, o que é uma coisa nobre. Estou fazendo o trabalho de Deus e serei recompensado no céu".

Se você ainda pensa assim, pare de ler agora e deixe este livro de lado. Venda todos os seus bens imediatamente e se filie a uma seita.

Você tem uma doença. Uma doença que clinicamente é chamada de insanidade.

Por que eu digo isso? Bem, vamos dar uma olhada na definição da palavra insanidade. Eu definiria essa palavra como "um estado doentio em que a pessoa é incapaz de atender às suas próprias necessidades de bem-estar emocional e sobrevivência".

As pessoas que desperdiçam a vida toda se preocupando apenas com as necessidades dos outros e não com as próprias não são nobres, virtuosas e espiritualizadas. Elas são loucas.

E pelo fato de não procurarem satisfazer às suas necessidades em primeiro lugar, na verdade não podem ajudar os outros de maneira saudável. Elas podem consolá-los, participar do drama deles ou estimular a sua codependência, mas não podem oferecer uma ajuda real e significativa. Para repetir uma fala muito famosa de um personagem do livro *The Fontainhead*, da autoria de Ayn Rand:

"Para dizer eu te amo é preciso primeiro aprender a dizer a palavra eu".

Você sabe que para amar alguém precisa primeiro amar a si mesmo. Mas você sabe realmente o que isso significa no nível prático? Rand ensina que você precisa viver a sua vida com base em três valores fundamentais:

Propósito

Razão

Autoestima.

Já discutimos sobre a virtude do egoísmo. Agora deixe-me de fato virar a sua cabeça do avesso. O que você pensa quando eu lhe falo que...

o seu maior dever moral é buscar a sua própria felicidade?

Isso lhe parece ameaçador? Ofende você ou o deixa com raiva? Se a resposta é sim, por favor reflita a respeito. Porque esse é o único jeito saudável, são de se viver. E o único jeito que garante a sobrevivência das espécies e o bem-estar da maioria das pessoas. Na verdade, é o único jeito digno de se conduzir qualquer relacionamento!

Você não pode se sacrificar pelos outros, porque isso é depravação. É depravação porque estimula um certo estado de corrupção e degradação moral. É doentio, um sintoma claro de doença mental.

Você entendeu?

E o mesmo vale para a situação oposta. Você não deve pedir aos outros que se sacrifiquem por você, pois essa postura não é menos doentia nem menos depravada. Corromper a moral dos outros não é menos aviltante do que corromper a própria.

Propósito

Degradar a si mesmo ou degradar os outros não traz benefícios para ninguém. E sacrificar-se pelos outros é o mesmo que autodegradar-se.

No livro *Atlas Shrugged*, perguntam a um dos principais personagens de Ayn Rand que tipo de ser humano é mais depravado. A resposta dela surpreenderia a maioria das pessoas, pois ele não sugere que seja um assassino, ou um estuprador ou um molestador sexual. A resposta dela foi, "Um homem sem propósito".

Quando lhe perguntaram por que optou por essa resposta entre tantas possibilidades, ela respondeu: "Porque esse aspecto do caráter é a raiz e a causa de todas as perversidades que você mencionou na sua pergunta. Sadismo, comportamento ditatorial ou qualquer forma de mal é consequência da evasão do homem da realidade. Uma consequência da sua incapacidade de pensar. O homem sem propósito é um homem que se deixa levar pelos caprichos de sentimentos vagos ou impulsos não identificados e é capaz de qualquer maldade, pois não tem nenhum controle da própria vida. Para ter esse controle, você tem de ter propósito – um propósito produtivo".

Quando a sua maior prerrogativa moral é a sua própria felicidade, você tem uma razão produtiva – e moral – para existir. Você não só tem uma razão para existir, como também existe num estado de verdadeira abundância!

E eis o mais importante...

Se todos fizessem isso, o mundo seria um lugar muito melhor! Em vez de desarmonia, depravação e codependência, teríamos relacionamentos saudáveis, harmoniosos e com base na troca de valor por valor. Ninguém seria levado a se sacrificar por ninguém. É assim que se criam e se cultivam relacionamentos saudáveis.

Razão

O próximo valor fundamental importante é ter uma razão de viver. Isso significa que você analisa as coisas com base no seguinte critério: isso serve ou não ao meu propósito moral maior, que é a perpetuação da minha felicidade?

O que as pessoas mais me perguntam é como elas podem saber que têm uma crença baseada no pensamento de escassez. Isso é muito fácil. Não complique. Pergunte simplesmente:

Essa crença me faz bem?

E para descobrir se faz ou não, basta usar a mente racional. É ótimo ter emoções. Elas são uma parte vital de uma vida plena e rica. Mas a pessoa realmente sã e emocionalmente equilibrada sabe – ou procura saber – o que está causando essas emoções. Não é preciso que haja um conflito entre as suas emoções e a sua razão. Nem deve haver.

Em Breakthrough U, meu programa de treinamento pela Internet, eu pergunto, "Quando eu questiono uma das suas crenças básicas, você fica furioso comigo porque estou "errado" ou porque você tinha medo até de formular essa pergunta?"

"Quando alguém lhe diz que o ama e você fica com medo – é porque você não ama essa pessoa ou porque você ama e tem medo de perdê-la?"

"É de fato o medo do fracasso que o detém? Ou é, na verdade, o medo do sucesso?"

Se respondeu sim, você está vivenciando emoções. Mas não tome decisões capazes de mudar a sua vida com base apenas nas emoções. Sinta as suas emoções, e depois descubra o que as está causando. Então use a sua mente racional para decidir qual é o seu bem maior.

Isso significa que você deduz qual será a conclusão lógica da situação e observa se a lógica se mantém. Isto é, verifica a situação e analisa se o seu curso de ação o levará a uma conclusão que fará você feliz. Caso contrário, ela é contraprodutiva para a sua existência.

Isso, é claro, leva você ao terceiro valor fundamental:

Autoestima

As pessoas sãs se aceitam e se sentem à vontade na própria pele. <u>E elas também se sentem confortáveis com a ideia de serem egoístas e fazem questão de que as suas necessidades sejam satisfeitas.</u> Elas compreendem que, se se sacrificarem pelos outros, diminuirão e degradarão a si mesmas, o que não beneficiará ninguém.

Ora, isso leva à próxima dúvida que aflora na cabeça da maioria das pessoas: e o amor e os relacionamentos?

O amor é uma expressão da sua autoestima e uma expressão dos seus valores mais profundos. Você se apaixona por uma pessoa que tem esses mesmos valores. E, se você realmente ama essa pessoa, isso significa que ela deixa a sua vida mais feliz. Ou, em outras palavras, *você a ama por razões totalmente egoístas e pessoais!*

Se você não se apaixonasse por essa razão, o relacionamento não faria sentido. Se você não se apaixonar por razões egoístas, isso significa que você não encontrará prazer ou alegria nesse relacionamento, que só o cultiva porque tem pena da pessoa. Isso não é amor. É insanidade.

Isso não significa que não existam milhões de pessoas que aceitariam esse tipo de amor doentio e superficial. Existem. Mas essas são as pessoas que querem continuar burras, doentes e pobres. Elas só querem sugar a alegria, a vida e a energia do seu corpo. Depois, quando você estiver tão sem vida quanto elas, ficarão contentes em saber que você também é infeliz.

Na verdadeira prosperidade, você escolhe a pessoa que vai amar e se apaixona por ela porque ela traz felicidade para a sua vida. Esse é o maior elogio e honra que você pode conceder a outro ser humano: dizer que o ama pela razão egoísta de se sentir feliz na companhia dele. Ora, você só não pode confundir tudo isso com hedonismo.

Segundo a filosofia do hedonismo, só o que é agradável ou tem consequências agradáveis é intrinsecamente bom. A psicologia do hedonismo afirma que todo comportamento é motivado pelo desejo por prazer e pela vontade de evitar a dor. Isso parece sugerir que o prazer é um critério para a moralidade, o que não é verdade...

Se fosse, isso significaria que a sua moral não é dependente dos seus valores. Não importa que você tenha escolhido esses valores de modo consciente ou inconsciente, com base na razão ou na emoção. Você basearia a sua moralidade em caprichos, impulsos ou desejos, fossem eles quais fossem. Isso é definitivamente amoral. Deus deve ser definido por um padrão racional de valor. O prazer não é uma causa, mas a consequência – a consequência das ações que você empreendeu com base num juízo de valor racional.

Vamos continuar com a explicação lógica dessa filosofia pela qual viver. Nesse ponto, muitas pessoas perguntarão sobre servir aos outros e fazer caridade. Elas querem saber se eu estou querendo dizer que elas não devem ajudar os outros nem fazer doações para obras de caridade. Obrigada por perguntar.

Existe uma crença de que você tem a obrigação moral de ajudar os menos favorecidos que você. Nada poderia estar mais longe da verdade. Essa é outra crença que faz com que as pessoas continuem burras, doentes e pobres.

Se viver a sua vida com base nos princípios que estamos discutindo, você pode muito bem ajudar as pessoas e fazer caridade. Eu já disse que a maior dedução que eu tenho no meu imposto de renda nos últimos cinco anos, aproximadamente, são as doações que faço para obras de caridade. E eu muitas vezes ajudo as pessoas financeiramente, muito embora ninguém saiba disso e eu não abata esse tipo de doação do imposto de renda.

Mas eis aqui os três critérios que eu uso:

A pessoa ou organização merece a doação.

Eu tenho condições de fazer a doação.

Eu me sinto feliz em fazer a doação.

Esses três critérios determinam para quem ou para o que eu doo o meu dinheiro. Isso certamente não tem nada a ver com "quem precisa mais" ou quais as causas politicamente corretas.

Eu apoio um grande número de causas – a ópera, a orquestra sinfônica, a minha igreja, a vida selvagem, a prevenção de doenças e a pesquisa para curar doenças, os desabrigados, os imigrantes, além de dar muitas bolsas de estudos. Comprei computadores para empresários incipientes, roupas de palco para cantores em início de carreira e materiais para treinamento de artes marciais para estimular crianças. Eu custeio bolsas de estudo acadêmicas, patrocino mais times amadores do que posso contar nos dedos e dou presentes de Natal para centenas de crianças carentes que do contrário não receberiam nada.

Mas eu faço isso por razões puramente egoístas! Pela felicidade que me traz. Estude esse conceito um pouco mais a fundo...

Você pode até se colocar na trajetória da bala dirigida ao seu par ou alguém que você ama muito. Se o valor que essa pessoa tem para você for tão grande, se não valer a pena viver sem ela, isso não será um sacrifício. Será apenas o desejo de proteger alguém que você ama.

E é aí que eu quero chegar. Você sabe exatamente o que acrescenta algo de valor à sua vida e apoia o seu propósito de viver uma vida de felicidade. Isso significa aceitar que você nasceu para ser feliz e se empenhará para isso, sem sentir culpa; rejeitar a mentalidade de massa que impera à sua volta e se recusar a aceitar intrigas e patifes que se valem da sua culpa.

Quando se olha em volta, para o mundo de hoje, é fácil ver o ser humano como um robô desamparado e subserviente. As pessoas são, em sua maioria, meras peças de uma engrenagem, vivendo em calado desespero. Estamos cercados de mediocridade, depravação e medo. Mas se você olhar um pouco mais além, vai ver algo mais...

Você vai ver os aviões supersônicos, missões de estudo em Marte e a Ponte Golden Gate. Ouvirá uma ópera de Puccini; ler um livro de Hemingway ou assistir ao ex-jogador de basquete Michel Jordan desafiando as leis da gravidade.

Vai se maravilhar com as Grandes Pirâmides, a tenacidade do ciclista Lance Armstrong ou com a coragem de uma mãe solteira lutando contra o câncer.

Você começa a reconhecer a grandeza do espírito humano e do que somos capazes. Você percebe que o ser humano não é inerentemente fraco e indefeso; ele só fica assim quando se recusa a usar a mente racional.

E você sabe que você mesmo pode fazer grandes coisas, e fazê-las pelas razões certas. Você pode ser ousado, audacioso e cheio de imaginação, e ao mesmo tempo fazer deste mundo um lugar melhor pelo fato de ter vivido nele. Quando vive a sua vida com propósito, razão e autoestima.

6

As pessoas prósperas na sua vida

Já falamos sobre o efeito que as pessoas negativas na sua vida podem ter sobre você. Mas o que dizer das positivas? E de que tipo de pessoas você precisa para realmente aceitar a sua prosperidade em todas as áreas?

Ainda posso me lembrar de um padrão que eu vi repetidas vezes, quando fazia terapia em grupo. Uma pessoa do grupo realmente me incomodava. Eu pedia a palavra e dizia algo do tipo, "Sabe qual é o seu problema? É que você... (preencha como quiser). A pessoa, é claro, não concordava.

O grupo então convergia para aquela pessoa, dizendo que ela estava em negação e que o que eu tinha dito era verdade. Depois de muitas opiniões das outras pessoas, a pessoa acabava aceitando que o problema em questão era justamente o que ela precisava trabalhar. Então, invariavelmente, alguém se voltava para mim e dizia algo como...

"Bem, Randy, é interessante que você tenha notado isso em Brian. Porque você tem exatamente o mesmo problema."

Eu, é claro, olhava para a pessoa incrédulo e imediatamente dizia que ela não sabia o que estava falando. Eu me voltava para o grupo em busca de apoio. Bastava um olhar para saber que eu estava encrencado...

Elas me olhavam como um padre olhando para seus novos coroinhas. Era a chance que elas tinham de me colocar no meu lugar e acabarem comigo.

Uma a uma, elas se revezavam para confrontar verbalmente o meu comportamento. Faziam isso por duas razões:

Razão número um: porque me odiavam. Eu era arrogante, dono da razão e teimoso. Eu ficava ressentido com o grupo, odiava ser analisado e negava profundamente meus problemas emocionais. Segunda razão pela qual o grupo caía em cima de mim...

Elas estavam certas.

Por isso a discussão se prolongava por duas ou três sessões semanais. O grupo me confrontando – e eu negando.

Eu deixava a sessão exasperado com a injustiça daquilo tudo. Normalmente, depois de remoer tudo durante horas, eu reconhecia que o grupo estava certo. Então eu tinha que voltar e admitir isso na sessão seguinte, o que me deixava mais furioso ainda!

E, de vez em quando, <u>toda a discussão vinha à tona outra vez, porque eu reconhecia e odiava o meu comportamento em outra pessoa</u>. Elas eram a imagem espectral de que eu precisava para começar o processo.

Meu padrão era:

- Notar o problema em outra pessoa.
- Confrontá-la.
- Ser confrontado.
- Discutir e negar.
- Autorreflexão e deliberação.
- Aceitação e capacidade para então mudar.

Esse era um caminho estúpido e disfuncional para aprender lições, mas era o único que funcionava comigo no estágio de consciência em que eu estava. Acho que esse é um problema comum das pessoas que começam o processo de autodesenvolvimento. Não é divertido, mas funciona.

Mas e você?

Qual é o processo que você usa para descobrir, confrontar e mudar comportamentos disfuncionais na sua vida? Como você reconhece e corrige problemas pessoais que podem estar bloqueando a sua felicidade e prosperidade?

No meu caso, descobri como aperfeiçoar o processo. Eu agora tenho duas maneiras de fazer uma mudança.

Processo número um. Eu noto algo que alguém faz e que realmente me incomoda. Percebo que, se algo me incomoda no outro, é porque talvez seja algo que eu precise olhar em mim. Por isso o processo neste caso é:

- Notar o problema em outra pessoa.
- Autorreflexão e deliberação.
- Aceitação e capacidade para então mudar.

Isso também acontece quando sou confrontado por alguém em quem confio. São poucas as pessoas em quem confio. Mas eu confio nelas explicitamente. Elas me demonstraram que sabem como ser "verdadeiras", elas são bem ajustadas e a vida delas vai bem. Elas não me dizem o que eu quero ouvir e não têm medo de me criticar. Então o processo é o seguinte:

- Alguém em quem confio me critica.
- Autorreflexão e deliberação.
- Aceitação e capacidade de então mudar.

No entanto, isso não significa que sempre que eu reajo mal ao comportamento de alguém ou alguém me chama atenção para algum traço do meu comportamento, eu automaticamente aceito que preciso mudar.

Às vezes, eu tenho uma reação instintiva a um velho problema que costumava ter. Outras vezes, alguém que me incomoda está apenas projetando sua própria insegurança em mim. Mas eu descobri que, *na maior parte do tempo*, isso é algo com o qual eu preciso lidar. E, quando vejo algo que me incomoda em alguém e não tenho certeza se é uma projeção ou não – eu peço a opinião de alguém em quem confio.

E de onde vêm os problemas?

Do convívio com outras pessoas que estão no mesmo nível de consciência que eu. E esse é o seu problema também. Porque pode ser um pouquinho assustador reconhecer essas pessoas – e um pouquinho aterrorizante deixá-las também.

Depois que inicia o processo de autodesenvolvimento, você pode perceber que se distancia de algumas pessoas muito rapidamente. E não é com elas que você tem que se preocupar, mas com você.

Porque você pode sabotar a si mesmo para deixar as coisas mais confortáveis...

Muitos dos participantes do meu programa de treinamento começam a perceber que têm pensamentos de escassez e limitação. Eles estão cercados de pessoas negativas. Podem estar casados com uma delas.

Começam a ver que, o avanço em direção ao sucesso significa mudança, rompimentos e situações delicadas. Isso causa uma ansiedade que se instala abaixo da superfície.

E ela pode simplesmente fazer com que você não tome a atitude que o faria avançar...

Você pode simplesmente se envolver num acidente de trânsito e perder a audiência com o juiz para decidir a custódia do seu filho. Você pode dormir demais e decidir não assistir a um seminário na faculdade. Pode ficar sem combustível e perder a entrevista para um emprego melhor. Pode fazer hora demais antes de ir para um encontro importante e ser obrigado a pegar um atalho por um bairro barra pesada e acabar sendo assaltado. Você pode manifestar um drama que o mantenha no caos e, assim, evitar um encontro com a sua alma gêmea.

Claro que você não tinha a intenção de ser assaltado, de se envolver num acidente ou perder a entrevista de emprego. **Mas as pessoas manifestam esse tipo de coisa de modo subconsciente todos os dias.**

Então, como você se livra dos pensamentos de escassez? Como rompe padrões que praticou durante a sua vida inteira?

A verdade é que, se você faz papel de vítima, como eu fazia, o mais provável é que faça um grande investimento para continuar sendo vítima. E existem provavelmente dúzias de coisinhas que você faz todos os dias para manter esse papel.

Vamos usar como exemplo uma doença. Como você sabe, ficar doente era um dos meus problemas. No meu caso, eu manifestava a doença para chamar atenção e receber afeto, que eu considerava amor. Como isso acontece na vida diária?

Bem, você provavelmente conhece quatro ou cinco pessoas que, sempre que o encontram, olham para você com preocupação e perguntam se você vai bem. Toda vez que isso acontece, você tem uma nova oportunidade para ser vítima.

Você pode estar tomando um remédio que o faz se lembrar da sua saúde debilitada três vezes por dia. Você tem rotinas diárias, pequenas coisas que você faz que o lembram de que está doente.

E nem vou falar de vagas de estacionamento para cadeirantes, muletas, cadeiras de rodas e outras coisas como essas!

"Mas espere um minuto!", você pode dizer. "Você não está supondo que eu possa simplesmente jogar fora minha cadeira de rodas, minhas muletas, meus remédios, a terapia etc?"

Não vou chegar a tanto. Eu não preciso ser processado por alguém que parou de tomar seus remédios ou caiu na rua por falta de uma bengala. No entanto...

Eu sei que todas essas coisas podem mantê-lo doente e no papel de vítima. E eu sei que às vezes precisamos delas. A questão aqui é saber quando você realmente precisa delas e quando elas estão, na realidade, mantendo você doente. Pense a respeito.

Todas essas coisas têm, é claro, a sua utilidade e às vezes elas são úteis. Mas há ocasiões em que o fato de usá-las pode nos manter dependentes e no papel de vítima.

Suponha que você descubra, como eu descobri, que está se agarrando a uma doença porque ela lhe garante afeto e atenção. Você percebe isso e promete que amanhã acordará novo, revigorado e saudável. Mas vai ao shopping e...

Há todas aquelas vagas para deficientes, todas pertinho das lojas e tudo mais. E você ainda tem no seu carro aquele adesivo que lhe autoriza parar numa vaga em qualquer lugar...

O que acontece em seguida?

Você ainda tem todos aqueles remédios para dor no peito, equipamentos hospitalares pela casa toda, livros e artigos sobre a sua doença. Se cumprir a sua promessa de que voltará a ser saudável, o que fará com todas essas coisas?

Se você tem uma série de amigos que vive lhe perguntando como você vai e se melhorou de saúde, o que isso faz pela sua consciência?

Pense em tudo isso e nisto aqui também:

Nós usamos a doença como um mero exemplo. Pense se você não pode estar fazendo algo parecido ficando sem dinheiro, perdendo uma promoção ou estragando um relacionamento saudável.

Se você está na bancarrota agora – e minha definição de bancarrota é ter menos de dez milhões no seu nome –, quanto tempo você passa pensando nisso? Você é daqueles que vive repetindo clichês do tipo: quem trabalha não tem tempo de ganhar dinheiro, só ganha dinheiro quem tem dinheiro etc.? Você fica falando mal do seu chefe ou da sua empresa?

Você vive cercado de pessoas que acham que ser pobre é uma virtude? Quantos dos seus amigos mais chegados ganham mais do que você? E eis aqui a pergunta mais importante...

Você passa a maior parte do tempo pensando em dinheiro (se preocupando com as contas, imaginando como vai ganhar dinheiro etc.) ou sonhando com maneiras de preservar e aumentar o seu patrimônio?

Até agora nós analisamos maneiras pelas quais você pode estar, subconscientemente, provocando suas doenças ou falta de prosperidade. Será que você pode estar fazendo a mesma coisa com um relacionamento saudável? Ou dificultando as suas chances de iniciar um?

Então deixe-me perguntar...

Se você é solteiro, já fez uma lista extensa das qualificações que um(a) pretendente tem que ter para ter uma chance com você? Você é tão exigente que é quase impossível um ser humano ter todas essas qualidades?

E, se você já tem um compromisso com alguém, mas vocês vivem brigando, será que a culpa é sempre do outro, como você afirma? Quantos problemas que você vive no seu relacionamento são exatamente iguais aos que os seus pais tinham?

Rapazes: será que ter uma esposa frígida, uma ex-mulher que é uma megera ou uma namorada ciumenta e controladora (ou as três!) não combina perfeitamente com o papel de mártir que você gosta de desempenhar? E moças, gays e qualquer coisa entre os dois: pergunto a mesma coisa a vocês.

Você tem amigos solteiros que tem ciúme quando você está feliz por ter encontrado alguém? Que efeito isso pode ter na sua perspectiva de um relacionamento feliz a longo prazo?

Você diverte os seus amigos com histórias sobre as injustiças que sofreu em relacionamentos passados? Você tem um "grupo de apoio" composto de amigos que consolam você toda vez que é maltratado, está no fundo do poço ou se decepcionou com alguém? Se tem, até que ponto a sua identidade está vinculada a esse grupo?

Em outras palavras, ter relacionamentos infelizes e pouco saudáveis confirma a sua visão de si mesmo como uma nobre vítima? E não pense apenas no seu parceiro ou na falta de um. O que dizer dos relacionamentos com a sua família e amigos próximos?

Passe algum tempo pensando em tudo isso. Talvez você tenha relacionamentos decentes, mas que não sejam prósperos. Talvez você tenha um monte de dinheiro, mas a sua saúde vai mal. Avalie todas as áreas da sua vida e veja se, no nível subconsciente, você não está, de algum modo, apegado ao vitimismo. Esse é o primeiro passo para a sua abundância ilimitada!

Eu estava conversando com o meu acupunturista outro dia. Vamos chamá-lo de "Steve". Ele é um agente de cura maravilhoso. Formado na China, realmente sabe o que faz. No entanto, posso ver que seu consultório segue aos tropeços. Também sei por quê...

Nesses três anos em que eu o conheço, muitas vezes o ouvi dizendo coisas que afirmam sua consciência de escassez. E posso dizer, com base em outras afirmações dele, a razão disso. A causa são as suas crenças subconscientes. Nós dois frequentamos a mesma igreja. Quando eu perguntei se ele tinha muitos clientes da igreja, ele disse algo do tipo, "As pessoas que a frequentam são muito pobres. Não estão dispostas a gastar dinheiro com coisas como a acupuntura".

Eu lhe disse que não acreditava que essa crença o beneficiasse. Ele retrucou, "Não é uma crença. É um fato. As pessoas da igreja não têm muito dinheiro".

"Isso não é um fato", eu disse. "Muitas pessoas da igreja compram meus CDs, assistem aos meus seminários, participam do Breakthrough U e gastam dinheiro com alegria, gratidão e afeto comigo. Existem muitas pessoas prósperas naquela igreja."

"Tudo bem, eles gastam dinheiro com coisas como as que você vende. Mas não vão gastar dinheiro com algo como o que eu faço. Isso é só um fato."

Ele acredita que as pessoas não vão gastar dinheiro com acupuntura. Ele fundamenta essa crença no "fato" de que seu consultório está cada vez mais vazio nos últimos anos e ele conhece muitos outros terapeutas que se queixam da mesma coisa.

Isso é o que eu chamo de "preconceito de confirmação". Você observa dados que apoiem o seu preconceito. A realidade, é claro, é que a acupuntura, a iridologia, as técnicas de massagem, a homeopatia e praticamente TODAS as formas de terapias alternativas e naturais estão fazendo cada vez mais sucesso nos Estados Unidos e ao redor do mundo.

Ele me disse, "Alguns anos atrás, eu ganhava muito dinheiro. Tinha um consultório enorme em Nova York, ganhava mais de 120 mil dólares por ano, mas aí as coisas começaram a ficar mais difíceis..."

"Espere aí", eu disse. "Esse é o problema número um. Em primeiro lugar, 120 mil por ano é PÉSSIMO! Esse é um salário de peão para quem tem o seu nível de treinamento e formação. Por isso você tem que mudar essa crença agora mesmo."

"Mas você não entende", ele insistiu. "Nesse campo de trabalho..."

E então ele continuou enumerando todas as razões que apoiavam as suas crenças limitantes.

Eu percebi que ele tem a crença de que os médicos acupunturistas ganham a vida com dificuldade e lutam para que as pessoas aceitem os seus serviços. Ele vê a profissão como uma chance nobre de servir à humanidade, mas não para ganhar dinheiro e ter uma vida confortável. Claro que eu disse a ele que essa crença não estava lhe fazendo bem nenhum. E é claro que ele insistiu em me dizer que isso não se tratava de uma crença, mas de um "fato", baseado em sua experiência na profissão e nas pessoas que conhecia.

Essa é uma crença muito comum, aliás, pois muitas pessoas que optaram por profissões ligadas à saúde a compartilham. E é uma crença muito tola. Qualquer profissão que traga grandes benefícios às pessoas também pode deixar você muito rico. É assim que a prosperidade funciona.

"Quanto você acha que eu ganharia por ano como acupunturista?", eu lhe perguntei.

"Onde?", ele quis saber. "Em Nova York?"

"Não, não em Nova York. Aqui mesmo. Na verdade, aqui, em Nova York ou em qualquer outro lugar."

Ele matutou e remoeu o assunto e era óbvio que não queria me insultar, mas achava que eu também teria que lutar para sobreviver como acupunturista. Eu garanti a ele que ganharia pelo menos de 350 a 500 mil dólares por ano como acupunturista, e pelo menos dois milhões de dólares por ano treinando outros acupunturistas.

Steve simplesmente não acreditou. O acupunturista mais bem-sucedido que ele conhecia ganhava 250 mil dólares por ano e esse cara nem era tão bom assim, ele contou.

"Então ele era um charlatão", eu quis saber.

"Digamos que não tinha muita ética", ele explicou.

Agora tudo começava a ficar mais claro. "Então o que você está dizendo é que, a menos que vendam a própria alma, todos os acupunturistas lutam para sobreviver."

A princípio ele resistiu, mas aos poucos começou a perceber que ele tinha uma crença arraigada de que o único jeito de um acupunturista enriquecer era trabalhando sem muita ética. E que o que ele considerava muito dinheiro, eu considerava uma miséria.

Eu cavei mais fundo. Descobri que ele fora criado pelos avós, que eram muito pobres. Ele contou que ainda conseguia ouvir o avô dizendo – você já ouviu isto –, "Nós podemos ser pobres, mas somos honestos!"

Esse sempre fora o mantra naquela casa. Você tem alguma ideia do efeito que esse tipo de programação pode provocar ao longo da vida? Quando você ouve esse tipo de coisa numa idade impressionável, de uma figura paternal em quem confia, o efeito é extremamente profundo.

E começa a agir lá no seu subconsciente, moldando as crenças, preconceitos e atitudes que definirão toda a sua vida. Essa programação determina o seu preconceito de confirmação inicial, e o mundo que você vê desse ponto de vista será influenciado por ela.

Nem dois dias depois da minha conversa com Steve, bati um papo com outro agente de cura alternativo, um quiroprático, que também ensina uma combinação única de yoga. Ele dedica sua vida a essa prática e aos pacientes, sempre aprendendo novas técnicas e sempre se empenhando para tratá-los da maneira mais holística e benéfica possível. Ele dá aulas de yoga na praia, com o sol se pondo e as ondas quebrando na areia, por isso é uma experiência espetacular.

Quanto ele cobra por essa experiência de cura maravilhosa? Sete dólares. Que costumava ser quatro ou cinco até o ano passado, quando insisti para que ele aumentasse o preço.

Ele me convidou para assistir a uma aula aquela noite e, só de brincadeira, disse, "A aula é sete dólares, mas você pode pagar 30 para que sinta que ela vale a pena".

Então, é claro, que eu ralhei com ele por causa da sua consciência de pobreza. E, evidentemente, ele retrucou, "Ei, você sabe quantos professores de yoga ficam felizes ganhando 45 por aula?"

O que equivale a um assassino dizendo, "Ei, só matei três pessoas. Charles Manson matou 20!"

Calcular seu valor pelos padrões de pessoas tolas é de fato algo muito tolo! Então eu disse para o nosso iluminado professor de yoga, "Mas você não fica feliz se não ganhar pelo menos 65 dólares por aula, não é?

"Não mesmo!...", ele exclamou. "Noite passada eu ganhei 120."

Sabe de uma coisa? Se ele fica feliz ganhando 120 dólares por duas horas de trabalho, então dar aulas de yoga é de fato o negócio dele. Mas eu acho que ele é capaz de ganhar muito mais. E o meu médico acupunturista também.

Eu tenho certeza de que ambos me fariam uma pergunta, "Bem, Randy, por que você não paga 150 dólares pela sessão de acupuntura em vez de 60 e 30 pela aula de yoga em vez de 7?"

Não pago porque não apenas seria uma estupidez como seria também antipróspero. Eu estaria me penalizando e subsidiando os aproveitadores. Espero pagar o mesmo que todo mundo paga. E eu julgo o valor que eu recebo pelo valor que estabelece a pessoa que me oferece um serviço.

Ora, esses dois sujeitos são amigos meus. Então eu faço o que qualquer amigo de verdade faria. Eu desafio a consciência de prosperidade deles e os lembro da grandeza que têm dentro deles. E lhes digo que o universo recompensa grandeza com riqueza – se a pessoa estiver disposta a aceitar.

Então como andam os seus relacionamentos? Você faz o mesmo pelos seus amigos? Tem na sua vida pessoas que fariam o mesmo por você? E mais uma perguntinha...

Com que frequência você fica na companhia de pessoas que desafiam as suas crenças e expandem o seu conceito de abundância?
Eu vivo uma vida que demonstra o poder de se atingir a prosperidade como poucas outras demonstram. Eu deixei de ser doente e passei a ter uma saúde perfeita. Deixei de ser um lavador de pratos numa casa de panquecas para ser multi-

milionário. Deixei de ser alguém que pensava em suicídio para viver uma vida feliz e plena.

Essa metamorfose foi resultado de vários fatores. Mudar minhas crenças, passar dias e dias empenhando-me no meu autodesenvolvimento, aprender como funcionam as leis da prosperidade e outras coisas. Mas o elemento subjacente que provocou TODAS essas coisas foi a minha decisão de mudar as minhas companhias.

No meu caso, mudei de endereço e de trabalho. Parei de me apoiar nos meus amigos vítimas. É claro que não fiz nada disso sem sentir desconforto e culpa. No caso em questão, eu estava uma noite em casa quando o telefone tocou...

Chantagens...

Greg estava muito agitado, e isso era óbvio pela sua voz ao telefone. "Randy, você diz que é um bom cristão, mas está sempre me julgando e às outras pessoas. Você está tão rico agora! Esqueceu o que é lutar para sobreviver. Esqueceu que outras pessoas não tiveram as mesmas chances que você. Deus o abençoou e agora você está se esquecendo das pessoas com menos sorte que você."

Eu respirei fundo e sorri para mim mesmo. Não pude deixar de reparar que o humor de Greg continuava o mesmo e ele continuava batendo na mesma tecla. E por que não? Ele me conhecia muito bem e já tinha conseguido me convencer com esse papo.

Mas desta vez foi diferente...

Como dessa vez eu já tinha ligado a minha tecla SAP, quando Greg fez o sermão acima, o que eu ouvi foi:

"Randy, eu sei da sua crença no cristianismo e vou usá-la contra você. Tomei várias decisões idiotas, como tratar mal uma garota, não pagar a pensão do meu filho, dar dezenas de desculpas esfarrapadas para faltar no trabalho até acabar sendo despedido e abusar do meu carro até fundir o motor. Enquanto você trabalha 70 horas por semana, eu estava apenas fazendo o mínimo para sobreviver, por isso pude assistir a 6 horas de TV à noite e dez horas por dia nos fins de semana.

"Agora você tem coisas que eu não tenho. A sua vida vai bem e a minha vai mal.

"Falando em Cristianismo, espero manipular suas emoções e fazer com que se sinta culpado. Se eu conseguir fazê-lo se sentir culpado – você vai me emprestar uma outra 'bolada', que, como eu e você sabemos, eu nunca vou devolver, assim como fiz das últimas três vezes. Falando das suas boas decisões, do sacrifício que fez e de como trabalhou duro, como se isso fosse só uma questão de 'sorte' ou 'acaso', vou tentar fazer você sentir que a vida me tratou injustamente e tentar arrancar um pouco da grana que você ganhou."

Vou ser franco com você. Eu não tenho uma tecla SAP. Entendi o que o Greg estava de fato dizendo porque eu falo fluentemente a linguagem das chantagens.

Fico meio constrangido de dizer a você que eu sei essa linguagem muito bem porque costumava ser um chantagista de marca maior. E não se engane – a situação que eu acabei de descrever é uma chantagem. É o modo como os viciados, os parasitas e os reis do drama tentam convencer você a se safar das péssimas decisões que tomaram na vida.

E geralmente funciona!

Como você não vai se sentir culpado se tem um monte de dinheiro e os outros não têm quase nada? É uma situação delicada; em grande parte, por causa da maneira que os chantagistas manipulam você. Eles são especialistas em não assumir responsabilidades e a usar outros fatores para manipular você.

Caso em debate: Delta Airlines.

Na minha viagem de volta de Cingapura, o último trecho foi um voo de Atlanta para Fort Lauderlade. Como de costume, o voo estava atrasado e ainda estávamos no portão trinta minutos depois do horário previsto para o embarque. Depois começou uma tempestade e eles fecharam o aeroporto. Então ficamos sentados na sala de espera por mais de uma hora antes de finalmente embarcarmos quando o avião levantou voo, o piloto agradeceu nossa paciência e disse, "Tenho certeza de que vocês entendem. Quando a Mãe Natureza resolve agir assim, não há o que fazer".

Essa é uma chantagem clássica.

O piloto estava culpando o tempo pelo seu atraso e pela incompetência da sua companhia. Mas a verdade é que, se tivéssemos decolado no horário, não teríamos pego a tempestade. Mas como muitos outros chantagistas, a tripulação usou as circunstâncias externas como desculpa para fugir da responsabilidade pelos seus atos.

Era isso o que Greg estava fazendo comigo quando ele me pediu dinheiro. É muito comum encontrar pessoas imersas no comportamento de "vítima". Elas dizem algo do tipo, "Não é culpa minha!" Não posso fazer nada! Houve um acidente na estrada, por isso o trânsito estava parado. Eu me atrasei para a entrevista e eles contrataram outra pessoa. Então o banco não pagou os meus cheques, porque eu estava esperando pedir um vale se eles me contratassem, então eu tive que passar uns cheques sem fundo, porque as contas já tinham vencido e...

Parece verdade; soa como se fosse verdade; passa a impressão de que é verdade. O único problema é que não funciona. Se esse emprego era tão importante para a vida da pessoa, ela deveria ter saído 45 minutos mais cedo. Mas as vítimas não pensam desse jeito. E, quando você passa tempo demais na companhia de vítimas como essas, começa a pensar como elas.

Não me leve a mal. Não havia nada que eu gostaria mais do que ver Greg e todos os meus outros amigos "vítimas" tornando-se pessoas prósperas. Mas eu não posso obrigá-los a isso. E você também não pode fazer isso com os seus amigos. A melhor coisa a fazer é limitar a sua exposição a eles enquanto querem ser vítimas e apoiá-los quando estiverem dispostos a fazer um esforço verdadeiro para expandir a consciência. Não adianta você entrar em desespero com eles. Dê o peixe ao homem e você o alimenta por um dia. Ensine-o a pescar e ele terá o que comer para sempre. Ensine uma vítima a pescar e ela se sentará num barco e beberá cerveja o dia inteiro!

7

Religião e escassez

Sou um verdadeiro enigma para a maioria das pessoas. Vivo com base em princípios objetivos, mas acredito em Deus. Medito e dirijo carros esportivos luxuosos. Tenho uma profunda conexão com Deus, mas não sou religioso. Prego a prosperidade, mas falo com firmeza, sou duro e às vezes uso uma linguagem que faria corar até um estivador do porto.

Não tenho problema com nenhum desses contrastes e os celebro como uma demonstração da vida abastada que levo, a integridade da minha mensagem e do trabalho que faço. Eu me vejo como um profeta do lucro, o guru do egoísmo e o sacerdote da antirreligião. Não tenho medo de falar a você a verdade como eu a vejo. Mesmo quando, e especialmente quando, vou contra tudo em que a maioria das pessoas acredita.

Em torno de 15 anos atrás, tive uma revelação profunda sobre a prosperidade. Parei de ouvir os conselhos com relação a dinheiro de pessoas sem um tostão no bolso. Parei de ouvir dicas de saúde de pessoas doentes. E parei de buscar orientação espiritual com pessoas que não conseguiam manifestar as Leis Universais em suas vidas.

Isso parece muito simples quando escrevo desse jeito, não parece? Mas descobri que poucas pessoas conseguem fazer o mesmo. É com a programação mais sutil, que se esgueira por baixo da porta, que você precisa se preocupar. E é claro que ninguém conhece mais essa programação sub-reptícia do que a religião organizada. Mesmo pessoas que normalmente são muito seletivas com relação ao que deixam permear a sua consciência costumam baixar a guarda quando entram num ambiente religioso.

Elas erroneamente presumem que o conteúdo que recebem é de algum modo abençoado por Deus e, portanto, positivo para elas. Muitas vezes, ocorre justamente o oposto. Na realidade, quando recebo informação num ambiente religioso, mantenho meu radar em alerta máximo.

Se você conseguir deixar de lado algumas das doutrinas e dogmas que a religião organizada programou para você, conseguirá criar um vácuo para os princípios espirituais entrarem na sua mente. A verdade é que o problema aqui não é o fundamentalismo, Deus ou a religião. O problema é fazer você acreditar que é digno de abundância.

Lembra-se do casal do retiro que teve dificuldade para aceitar a ideia de que podiam faturar dez milhões de dólares? No caso dele, acho que a causa eram as crenças religiosas.

Essa é uma situação muito comum no mundo de hoje. A religião organizada é a maior criminosa de todos os tempos no que diz respeito à programação de escassez e limitação. A igreja cristã tem explorado essa estratégia há séculos, mas ela certamente não é a única. Há muitas outras que fazem isso também.

A única diferença é que esse casal passou por uma mudança repentina.

Visto a dificuldade que sentiam para imaginar como seria a vida deles se ganhassem 30 milhões por ano, evidentemente eu disse ao marido (que é um grande amigo meu) que, na minha opinião, eles tinham um probleminha para aceitar a prosperidade. Ele achava que eu não estava sendo realista, porque ele é cristão fundamentalista. E como muitos fundamentalistas, acha que sua religião é próspera.

Ele muitas vezes se sentiu ofendido com meus ataques ao fundamentalismo e achava que eu o acusava de disseminar uma programação de escassez porque muitos cristãos acalentavam a crença de que pobreza é virtude. Ele está certo e eu também.

Ele achava que não tinha sido infectado com o vírus mental da escassez porque, no seu entender, acreditar em Cristo era sinônimo de acreditar na prosperidade. Ele aceitava todas as explicações costumeiras. Deus enviou seu único filho para nós, que tem um pai celestial rico, que quer que ele herde o reino dos céus etc.

Esse não é o maior problema, porém...

Não para ele; não para muitas pessoas. E talvez não para você. Não acho que essa programação de escassez se origine da crença de que Deus não seja abundante ou não seja um provedor benevolente. (Embora muitos fundamentalistas tenham essa crença, esse não é o problema. O meu amigo está infectado com OUTRO vírus que muitas vezes é disseminado pelas religiões organizadas.)

<u>Acho que o problema é que, lá no fundo da sua mente subconsciente, ele e outras pessoas acham que não merecem essas bênçãos.</u> O problema, como eu o vejo, não é que eles não acreditem no amor de Deus. Eles não acreditam é que merecem esse amor.

E esse é o problema de milhões de pessoas. É a questão crucial do que estamos falando até agora. É o resultado de séculos de doutrinação.

Persuadindo as pessoas de que pobreza é virtude, as autoridades da igreja mantiveram o poder sobre as massas. Convenceram as pessoas de que era assim que as coisas tinham que ser. Também levaram-nas, através do medo, a agir pelo bem comum, pois o comportamento antissocial trazia a ameaça da danação eterna. "Se você for contra a lei. Será punido na próxima vida."

Fazer com que as pessoas tivessem medo de transgredir os ensinamentos dos sacerdortes era uma estratégia para controlá-las e torná-las submissas, dóceis, satisfeitas com o seu quinhão.

Eu assisti a um culto religioso numa convenção de que participei. O orador era um jurista que usava a oportunidade para professar sua devoção por Deus. Ele era sincero, autêntico e transmitia uma maravilhosa mensagem de fé. Fiz questão de me apresentar a ele no final do culto, e elogiá-lo pelo belíssimo discurso.

Algumas semanas depois, recebi um presente dele. Um livro chamado *A Bíblia do Buscador*. Não me agrada ter que dizer isto, pois esse foi um presente dado com sinceridade, carinho e espírito de fraternidade. Mas ler esse livro foi uma tortura. Ele estava absolutamente cheio de programação de escassez e limitação. Ou pelo menos foi o que eu pude presumir, depois de ler as primeiras páginas da introdução.

Ele começava com a premissa – muito comum nos círculos religiosos – de que a felicidade na Terra é simplesmente inalcançável. (Aliás, se você acha que os cristãos monopolizaram o mercado com relação a essa crença, investigue o que outras religiões ocidentais pregam por aí.)

O tal livro afirmava, "É por isso que existem tantas pessoas 'bem-sucedidas' que são miseráveis. Quantas vezes você já não viu no jornal notícias sobre celebridades internando-se em clínicas de reabilitação, sofrendo overdoses ou cometendo suicídio? Por que isso? Porque eles têm dinheiro e sabem que isso não é suficiente para trazer felicidade!"

Claro que a mensagem subliminal em afirmações como essa é que as pessoas ricas e bem-sucedidas são infelizes, têm vícios e se matam. E, evidentemente, temos muitas "provas" disso. John Belushi, Jimi Hendrix, Janis Joplin, Michael Hutchinson, Kurk Cobain etc.

Só existe um problema com esse tipo de raciocínio. Essas coisas acontecem aos pobres também. Você só não ouve nada sobre eles.

Sim, muitas pessoas ricas se internam em clínicas de reabilitação. Mas porque elas têm condições para isso! Você já viu o preço da diária nessas clínicas?

Todos os dias pobres morrem de overdose ou se matam. Na realidade, muito mais do que os ricos. Você só não vê isso noticiado na TV, porque a maioria das pessoas não está interessada no que acontece com um zé-ninguém. "O sujeito estourou os miolos! Que horror! Pode passar as batatas, por favor?"

Mas se soubermos que alguém rico e famoso estourou os miolos – essa é uma notícia e tanto! Porque ela alimenta a programação subconsciente de que ser pobre é virtude e que os ricos só estão tendo o que merecem.

Essa *Bíblia do Buscador* continua falando sobre a tendência das pessoas de querer cada vez mais. Ela diz, "Você acha que, depois de ganhar o seu primeiro milhão, as pessoas ficam satisfeitas, mas isso nunca acontece. Elas ganham mil e querem dois mil. Um milhão, cinco milhões. Cinco milhões, vinte milhões e assim por diante".

Ele continua, citando o Rei Salomão, "Assim como a morte e a destruição nunca estão satisfeitas, o desejo humano também nunca está". E então alguém chamado Joy Davidson disse, "Viver para satisfazer os próprios prazeres é uma das coisas menos prazerosas que o homem pode fazer; se ele não se matar de desgosto, morrerá lentamente de tédio e impotência".

Agora estamos chegando num assunto em que a religião é insuperável: a culpa!

Você tem mil e quer dois mil? Seu ganancioso! Devia se envergonhar! Nunca está satisfeito?

Eu poderia continuar o ano inteiro falando sobre esse tipo de programação de escassez insidiosa, mas estou cansado de debater sobre essa tolice. Basta saber que ela existe. Há séculos a religião organizada distorce a mensagem de prosperidade. Existem várias citações ao longo da Bíblia que apoiam qualquer opinião que você tenha. E o mesmo pode ser dito do Alcorão e de outras escrituras religiosas. A menos que você as leia em sua totalidade, não valem a pena.

Em outra citação de *A Bíblia do Buscador*, afirma-se que "A Bíblia diz que o nosso maior problema é o pecado. O pecado não é só uma atitude, mas a verdadeira natureza do nosso ser. Em outras palavras, não somos pecadores porque pecamos. Mas pecamos porque somos pecadores! Nascemos com uma propensão natural para fazer coisas erradas... não somos intrinsecamente bons – somos intrinsecamente pecadores. Essa natureza pecaminosa contamina tudo o que fazemos".

Que crença maravilhosa! Agora, você pode imaginar como uma pessoa se sentirá bem com ela mesma – e se tornará próspera – se cresceu acreditando nisso? Imagine a programação subliminal adquirida por alguém que cresceu ouvindo sermões como esse ao longo de anos.

Acredito que o Dinheiro é Deus (ou o universo) em ação. Não existe separação. O pôr do sol, a Lua cheia e as caminhadas na praia são espirituais. A saúde, os relacionamentos felizes e o amor também.

Mas o mesmo pode-se falar da segurança financeira, das casas bonitas, das roupas elegantes e dos carros que fazem o seu coração vibrar! Porque o único jeito de você ter coisas materiais e mantê-las é trocar valor por valor e viver de acordo com as leis espirituais da prosperidade.

O que você pensaria se eu dissesse que este desejo contínuo de ter mais vem da sua natureza espiritual – e não do "pecador miserável que queimará no inferno rangendo os dentes"? E se eu lhe dissesse que é "Divina Insatisfação" que nos faz crescer, nos desenvolver e atingir níveis mais elevados de consciência?

Ora, se você foi criado em qualquer religião fundamentalista – isso é provavelmente contrário à programação que recebeu ao longo de toda a vida. (Aliás, esse é o caso de todos os fundamentalistas, desde os muçulmanos até os cristãos, e tudo o que existe entre os dois. Quanto mais consciência você tiver disso, mais fácil é combater a negatividade com uma programação contrária. E isso também significa que você se tornou mais consciente da autossabotagem.)

E isso não significa que só tendo coisas materiais você poderá ser feliz. Não é verdade. Você precisa ter pessoas com quem gostaria de compartilhá-las. E precisa ter uma base espiritual. Mas o que eu quero que você entenda é que ter desejo por coisas materiais não é ruim – é divino! É o que leva você a voar cada vez mais alto e fazer cada vez mais; é o que o leva a um nível mais elevado de consciência!

Ora, o meu objetivo aqui não é debater sobre nenhuma religião individual e eu também não discutirei com você se o seu Deus é o verdadeiro ou o que está mais certo. Esse não é o meu papel e nem o lugar mais apropriado.

E acredite ou não, se você não acredita em Deus, não acho que seja minha responsabilidade convertê-lo. Se você tem uma crença numa progressão natural ou numa lei universal e isso funciona para você, ótimo!

Pela minha experiência, ateus e agnósticos muitas vezes têm um entendimento maior dos verdadeiros princípios espirituais que muitos crentes. Por isso, não é você que me preocupa. Acredito que vai encontrar o seu caminho à medida que ele se abrir diante de você. Minha preocupação agora é com aqueles que acreditam em Deus... Peço que você pense na sua crença em Deus. E, mais importante ainda, pense na sua crença no seu relacionamento com Deus.

Esse relacionamento é baseado no medo? Na crença em um ser sobrenatural que está fazendo uma lista e, depois de verificá-la duas vezes, vai descobrir quem é bonzinho e quem não é? Você se vê como um pobre pecador que precisa agradar ao seu Deus, rastejando e prostrando-se diante dele para evitar a danação eterna? Se for assim...

Será que essas crenças o beneficiam???

O que você acha que elas fazem pela sua autoestima? O que você acha que elas fazem pela sua crença de que é capaz de fazer coisas grandiosas? O que você acha que essas crenças fazem pela sua consciência de prosperidade? E elas permitem que você aceite a abundância?

Eu vejo todo o conceito de "pecado original" como uma distorção da Bíblia. Minha versão da Bíblia diz que Deus criou o homem à sua imagem e semelhança. E Ele viu tudo o que fez e achou que tinha ficado muito bom. E até onde eu sei, Ele nunca mudou de ideia. Então, você pode ver que eu acredito numa "bênção original".

Agora, sabe de uma coisa? Os fundamentalistas discutem isso comigo o tempo todo. E sabe o que mais? Deus os abençoa. Que a força esteja com eles. Eles podem discutir isso comigo o dia inteiro (e já fizeram isso), mas essa discussão não é sequer registrada na tela do meu radar. Por quê?

Porque eu posso ver que as crenças dessas pessoas não servem para mim. E descobri que as minhas crenças servem.

Por isso eles podem citar suas escrituras, contar suas contas de rosário e me bater na cabeça com suas bíblias de quatro quilos. Minha vida vai bem e eu não acredito que a deles vá.

E é nisso que VOCÊ tem que pensar. Pense em quem lhe ensinou essas crenças, há quanto tempo você as ouve e para onde elas o estão levando. Faça a si mesmo uma pergunta muito simples:

As minhas crenças estão me servindo?

Deus nos abençoou com o livre-arbítrio. E a melhor maneira de reconhecermos isso e exercitarmos o nosso livre-arbítrio é usando o discernimento. Você provavelmente formou suas crenças sobre Deus, religião e prosperidade na infância, com base no que pregava a religião dos seus pais. Talvez seja hora de você refletir e usar o discernimento.

Como eu já disse antes, o cristianismo não é o único a disseminar a programação de escassez e de falta de que estamos tratando. Eu estou usando o cristianismo como exemplo por causa do livro que ganhei de presente. Mas eis o que eu quero que você entenda...

A pessoa que me deu esse livro fez isso com ótimas intenções. Ele até me escreveu uma dedicatória, dizendo, "Que esta cópia da palavra de Deus lhe dê esperança, incentivo, propósito e paz em Jesus Cristo". Ele não tinha ideia de que o tal livro perpetua exatamente o oposto disso tudo!

Receio que, como muitas pessoas, ele tenha ouvido algumas coisas durante tanto tempo que nunca tenha parado para questioná-las com um pensamento crítico. Ele acredita em Deus; acredita que seu Deus é bom; no entanto, nunca lhe ocorreu que todo o seu sistema de crença se baseia no medo. Nunca se perguntou por que um Deus que é só bondade tem que ser vingativo, castigar e ser temido.

Se você cresceu em meio a esse tipo de ambiente religioso, qualquer desejo que tenha de ter dinheiro, sucesso e realizações na vida foi provavelmente usado para deixá-lo se sentindo culpado. E você, com quase toda certeza, aprendeu que essas coisas não são a verdadeira prosperidade, mas só lhe renderão um vazio na vida, desilusões e desespero.

Ora, essa é certamente uma interpretação interessante do que seja o desejo. Eu tenho uma completamente diferente...

Acredito que os desejos que temos vêm de Deus. Eles são veículos que Ele nos proporciona para nos desenvolvermos espiritualmente neste plano. Eu não acredito que o desejo sirva a você ou a Deus, deixando-o pobre, doente e infeliz.

Eu também não acho que ele sirva ao Criador levando você a ficar satisfeito com o primeiro emprego que arranjou numa lanchonete, na época em que estava no colegial. E também não acho que seja nenhuma virtude ficar feliz ganhando mil em vez de dois mil. Na realidade, acho que isso é exatamente o contrário!

Acho que não fazer tudo de que você é capaz é um desrespeito ao Criador e ao potencial com que Ele o abençoou. Acredito que, quando você tem um desejo por alguma coisa, isso é Deus batendo na sua porta e convidando-o a fazer algo mais, a ter algo mais e a se tornar algo mais.

Eu vejo seu verdadeiro caminho espiritual como algo que está sempre levando você a evoluir e crescer, nunca a parar, sempre a avançar rumo a uma consciência mais elevada, rumo ao seu bem maior.